En pareja

Planeta

Paulino Castells

En pareja

Los secretos del amor y el desamor

Planeta

Diagonal, 662-664, 08034 Barcelona (España)

Diseño de la cubierta: Florencia Helguera y Sergio Juan
Ilustración de la cubierta: © Cristina Reche

Primera edición: enero de 2003
Depósito Legal: B. 410-2003
ISBN 84-08-04650-0
Composición: Víctor Igual, S. L.
Impresión: Hurope, S. L.
Encuadernación: Lorac Port, S. L.
Printed in Spain - Impreso en España

Índice

A la pareja ilusionada
en consolidar una vida en común
sin fecha de caducidad incorporada

María y Carlos, por ejemplo

Una de las más viejas necesidades humanas es contar con alguien que se pregunte dónde estás cuando no llegas a casa por la noche.

MARGARET MEAD, antropóloga

Yo necesito a mi mujer hasta para discutir.

TITO VALVERDE, actor de cine

Introducción

Uno que ya lleva algún tiempo tomando el pulso a las parejas que acuden a explicar sus problemas de convivencia y lo mal que lo pasan si hay hijos por en medio en las trifulcas conyugales, puede llegar a la conclusión de que el amor con el paso del tiempo termina por agriarse. Al menos, eso parece suceder en muchos casos.

Claro que, bien pensado, son sólo éstos «los casos» que me llegan a la consulta, porque los que andan bien, obviamente, no se vienen a retratar a casa del médico. Así pues, también intuyo que debe de tratarse de una minoría dentro del inmenso colectivo de parejas, matrimoniales o de hecho, que están la mar de felices juntas.

Por el motivo que sea —que espero lo iremos desvelando en estas páginas—, la cuestión real es que hay parejas que viven en un terrorífico infierno mientras que otras disfrutan de lo lindo en su convivencia. Y aquí surge la pregunta del millón: ¿es la lotería de la felicidad la que es caprichosa o nos ganamos la suerte cada uno/a según nuestra dedicación y esfuerzo personal?

A veces me desanimo y pienso que los tiempos que corren no son los más apropiados para convivir amorosamente y a perpetuidad con otra persona. Que circulan malos aires que calan en lo más profundo de nuestro ser y nos transforman de pacíficas y enamoradizas criaturas a violentos depredadores, destructores de todo lo que huela a cariño, ternura y amor. Y de aquí a «la maté porque era mía», obviamente, hay un paso.

Otras veces estoy más animado y pienso que la mayoría de nosotros somos buena gente, porque la bondad es la muestra más clara de la inteligencia humana, si no la humanidad ya no existiría, ¿no le parece? De tal manera que cuando nos atizamos dolorosos pescozones lanzándonos penosos insultos y discutimos agriamente hasta desgañitarnos con la parienta o el pariente de turno —nuestro prójimo más próximo, al fin y al cabo—, se trata de una ofuscación pasajera, una especie de sarampión puntual y temporal, que pronto se nos va a pasar. No quiero pensar que nos hayamos vuelto malos de golpe, preñados de odio y resentimiento, incapaces de amar y de perdonar. Soy optimista y confío y confiaré siempre en la bondad y en la capacidad innata de amar de las personas... aunque algunas parece que hayan nacido privadas de esa suerte.

Creo también firmemente en las virtudes terapéuticas del amor, que prácticamente lo cura todo, y por esto los profesionales de la salud sabemos que la práctica médica es siempre efectiva cuando está impregnada de afecto. Ya al respecto mi ilustre colega Gregorio Marañón decía que el tratamiento de un enfermo comienza con el apretón de manos (aunque le confieso que me descorazono al preguntarles a alumnos estudiantes de medicina de los últimos cursos cuántas veces les han hablado de «amor» en clase a lo largo de la carrera, y ver la cara de perplejidad y de sorpresa infinita que ponen). Asimismo, creo en lo pernicioso que es para el organismo guardarse el rencor y el odio, que sólo puede conducir a cuadros maníacos o depresivos, junto con retortijones de barriga, o a futuras úlceras de estómago, cuando no a funestos infartos.

Una cosa no hay que perder nunca de vista: en el amor, como en el *footing* o en cualquier deporte, a base de practicarlo se adquiere mayor destreza y soltura, y se desarrollan los musculitos del respeto, la tolerancia y la comprensión. Es muy probable que las páginas de este libro nos descubran, pues, los ejercicios más convenientes para estar en forma, para la gimnasia diaria del amor, y también nos adviertan de los hábitos o conductas más inconvenientes, que a la larga consiguen avinagrarlo todo y nos vuelven emocionalmente raquíticos.

Asimismo, podremos descubrir con alegría que en el fondo todos tenemos un corazón sensible, con gran capacidad para amar. Que nos brotan los efluvios amorosos en cantidad a la mínima que lo acariciemos y achuchemos un poco y nos esforcemos así en querer hacer feliz a esa persona que tenemos tan cerca. Tanto, que nos rozamos o tropezamos diariamente con ella —física o mentalmente—, nos la cruzamos en el pasillo, nos sentamos frente a frente en el comedor, nos la encontramos en la cama... Nuestro otro yo, el «yo podría ser tú», el alter ego, que comparte nuestra biografía, nuestras dichas y nuestras desdichas, y también nuestra suerte: por algo le llamamos *con-sorte*.

Así pues, aplíquese bien en amar a su pareja. Dele gusto al amor, sin restricciones. Vale la pena y su salud se lo agradecerá. Hágame caso: se lo dice el doctor.

EL AUTOR

NOTA

Los ejemplos de conversaciones o revelaciones de personas que aparecen en el texto (en letra cursiva) y que se han colocado en los diversos apartados del libro para dar frescura y cotidianidad a los temas que se tratan, son fragmentos tomados de recuerdos personales o de auténticas historias clínicas, aunque luego hayan sido manipulados para mantener el anonimato de sus protagonistas.

CAPÍTULO PRIMERO

Nos enamoramos, ¿y después qué?

> Amor es lo que yo siento cuando alguien me pone en el dedo una sortija de un millón de dólares.
>
> MARILYN MONROE

Del flechazo a la pasión

Recuerdo nítidamente su imagen. Me encontraba aquella noche tomando una copa en la discoteca. Y llegó ella con un grupo. ¡Estaba espléndida, radiante! Llevaba un precioso vestido verde y un elegante moño le recogía el pelo. Parecía que venía de una fiesta. Sonreía coquetona hablando con sus amigos. Yo la observaba, algo apartado, apoyado en la barra, y ya no pude quitarle el ojo de encima. Me quedé perdidamente enamorado. (Reflexiones de un joven sobre la que luego sería su esposa.)

La cosa empieza como siempre con aquella subida de colores a la cara, sensación de sofoco, sudoración profusa, desasosiego... Y todo eso estalla e inunda nuestras sensaciones en el preciso instante en que topamos con esa persona que irradia una singularidad sin precedentes, distinta a todo lo conocido hasta el momento, y que, automáticamente, nos hace predecir con gozo en nuestro interior: «¡Es el amor de mi vida!» La pareja soñada.

¿Y cómo sé si eso es amor? Aquí cada uno/a tiene sus personales pistas, sus antenas detectoras, su sensibilidad a determinados signos o síntomas. Para mí, por ejemplo, es concluyente el peculiar brillo que destella de los ojos de la persona enamorada. Una encantadora amiga me dice, convencida, que el mejor síntoma para saberse enamorada es sentir un fuerte retortijón de estómago. Nunca le falla. Y en esta línea va el genial Groucho Marx que nos advierte en una de sus memorables películas: «Lo malo del amor es que muchos lo confunden con una gastritis, y cuando se han curado, se encuentran con que están casados.»

¿Cómo encontramos esta sabrosa media naranja? Aunque digan que el amor es ciego, seguro que no lo encontramos sólo por pura casualidad (también hay que contar con lo que providencialmente se nos pone en el camino), sino, más bien, porque nuestra forma de ser atraerá a los que en esencia son semejantes —¿o complementarios?— a nosotros/as. Algunos entendidos en el tema del amor aseguran que el flechazo consiste en realidad en una elección deliberada, voluntaria y consciente. Y aquí el novelista Octavio Paz, en *La llama doble. Amor y erotismo*, apunta en un juego de palabras: «El amor es atracción involuntaria hacia una persona y voluntaria aceptación de esa atracción.»

Para complicar las cosas una experta en vestir féminas, la modista Coco Chanel, matiza: «Es la mujer la que elige al hombre que la elegirá.»

Parece ser que en materia de amor las casualidades no existen y la atracción que sentimos por alguien se basa en una serie de señales que nuestro inconsciente capta: forma similar de entender la vida, valores compartidos, sintonía en los sentimientos, etc., y que nuestra mente consciente identifica como el flechazo. Amén de otras señales más sutiles del lenguaje no verbal: mímica, gestos, tono de voz, etc., que es el que expresa los sentimientos y emociones más íntimos y también más primitivos y espontáneos, no sometidos al riguroso control del intelecto.

Sin ánimo de exagerar las situaciones, es bien cierto que, en la relación que se establece en el conocimiento inicial entre hombre y mujer, surgen en la mente de cada uno —consciente o inconscientemente— unas diferentes intenciones. Así, la mayoría de las mujeres busca de forma instintiva en el flechazo un proyecto de futuro, una unión a largo plazo. Sueñan con el emparejamiento romántico y duradero, y esperan del compromiso masculino que garantice la continuidad de la relación. Los hombres, mientras tanto, se esfuerzan en tener mucho éxito durante la maniobra de aproximación... y luego ya se verá.

Advierto que lo que estoy exponiendo, aun siendo habitual, no tiene por qué representar la generalidad de ambos sexos, ya que hay hombres extremadamente románticos e idealistas, y mujeres con intereses de lo más pedestres y materialistas.

En líneas generales, no obstante, en el inicio de la relación, la mujer suele ambicionar la satisfacción de sus sentimientos, mientras que el varón ansía satisfacer su instinto sexual. Ella busca un amor; él una aventura. La mujer ansía comprensión; el hombre, independencia y autonomía. Ella tenderá a recordar el primer beso; él puede olvidar en seguida el último. Ella busca emociones; él, acción.

Es sabido que la principal fantasía de juventud de los varones es, en la mayoría de los casos, el acceso sexual a un montón de mujeres atractivas. Ellas, en cambio, suelen anhelar una relación monógama, idealizada. A la vista está, pues, que en el caso de establecerse un compromiso firme de una pareja ello implicará la renuncia del hombre a su sueño de mocedad (aunque el Viagra mantenga las ilusiones añosas) y el éxito de la mujer en lograr el suyo.

Pues bien, superado ya el apasionado hervor inicial de la conquista, es decir, una vez superada la fase de la atracción física, que acostumbra a ser la inicial en ambos sexos y el detonante del conocimiento de dos personas hasta entonces desconocidas: el envoltorio físico importa mucho a la gente porque de manera inconsciente tendemos a asociar un determinado cuerpo con unas características de personalidad específicas. Entonces surge la fase exploratoria de la pareja y de conocimiento real de cada parte, en la cual la comunicación verbal adquiere importancia primordial.

Aquí apunto el dato estadístico de que la cualidad personal más importante que debe reunir una persona para tener con ella una relación amorosa esporádica o de corta duración resulta ser «el atractivo físico». Pero, en el caso de que se desee tener una relación amorosa seria y estable, en la mayoría de las encuestas lo que más se valora en la persona es «el carácter agradable», quedando más relegado el atractivo físico.

Con todo, lo cierto es que la mayoría de los españoles comienza su romance de una manera paulatina, poco a poco, hasta desembocar en el matrimonio, y sólo una cuarta parte de las parejas recuerdan que lo suyo se inició como una explosión, como un flechazo de Cupido directo al corazón. Pero tanto unos como otros, de hecho la inmensa mayoría de las parejas que cada año contraen matrimonio en España, comparten el rasgo más definitorio del rito matrimonial de nuestros días: uniones basadas en el amor. En este amor romántico y total que, por cierto, permaneció ajeno al casamiento durante milenios (eran tiempos de matrimonios por conveniencia).

¿Realidad virtual?

En el mundo de lo irreal que nos subyuga y que queremos ardientemente que sea real, el enamoramiento es el paradigma. No quiero decir con eso que todo lo que vamos conociendo en el ser amado es un simple espejismo. Tampoco quiero etiquetarlo de realidad virtual que poco tiene que ver con la realidad real. Uno/a tiene características que realmente existen y otras que «me parece que existen»...

Durante el enamoramiento, las parejas muestran una predisposición positiva: casi todo lo que dice o hace el otro se interpreta bajo una luz positiva. «No puede hacer algo mal», nos autoconvencemos. Solemos ver en nuestra pareja toda suerte de virtudes y cualidades positivas, que en realidad pueden no estar presentes o lo están en grado menor de lo que imaginamos. Asimismo, proyectamos en el otro todas las virtudes que fervientemente deseamos que tenga y, a fuerza de proyectarlas —en nuestra imaginación, por supuesto—, acabamos creyendo que realmente las tiene.

También influye en la elaboración de esta «percepción» —muy distorsionada en algunos casos— la propia relación de noviazgo, cuya naturaleza puede ser engañosa desde el comienzo, ya que cada uno de los integrantes de la empresa se conduce bien y trata de ser sumamente agradable, solícito y simpático para echar adelante la relación. ¡A poner toda la carne en el asador!

El narcotizante flechazo amoroso proporciona a la pareja una curiosa fusión de intereses e incluso de identidad, de manera que lo que gusta a uno, gusta también al otro. «Hay que ver la de cosas que tenemos en común», se dicen, sorprendidos, cogiéndose delicadamente las manos. «Pensamos igual», añaden con convicción. Ambos parecen sumergirse en una gran comunidad de intereses mutuos y de recíproca participación. «La de cosas que vamos a hacer juntos, cariño», se susurran al oído el uno al otro.

No quiero terminar este apartado sin hacer referencia a una forma de realidad virtual que, con el tiempo, se consolida en satisfactoria realidad real. Me refiero a las miles de parejas que se conocen por Internet y que acaban en espléndidas bodas. Se trata habitualmente de personas de ambos sexos que son algo tímidas, muy hogareñas, que rehúyen un poco los contactos sociales. O bien que por su absorbente trabajo o por el horario laboral no tienen tiempo para frecuentar lugares de reunión juvenil o, también, porque ya están hartos de tener chascos en los ligues que se montan en el colectivo discotequero. Animo aquí a que alguien haga un estudio prospectivo para comparar si duran más tiempo juntas estas parejas que se han conocido *online*, que las que se han unido con el noviazgo clásico del vis a vis. Al lector interesado en el tema le remito a mi anterior libro, editado también por Planeta: *Enganchados a las pantallas.*

Tampoco hay que olvidar que dentro de estas amorosas realidades virtuales que se convierten un día en reales, asimismo tienen su gran parcela las agencias matrimoniales. Instituciones añejas, con gran solera, que hacen alarde de su seriedad, auténticas gestorías del amor, que utilizando también las ventajas informáticas (bases de datos, perfiles psicológicos, etc.) saben entrecruzar adecuadamente las necesidades personales de sus clientes y, de esta manera, poner en contacto real a almas gemelas.

¡Somos los mejores vendedores de nosotros mismos!

Al igual que cuando decidimos adquirir algo valioso para nuestro hogar, algo que deseamos que dure muchos años, preguntamos y volvemos a preguntar sobre sus cualidades a quien nos ofrece el producto, además de examinarlo detallada y cuidadosamente, ¿no haremos lo mismo, y más si cabe, con la futura pareja de nuestra vida?

Las preguntas e indagaciones a que sometemos, directa o indirectamente, a la otra persona siguen un minucioso cuestionario que todos tenemos en mente. Los puntos a descubrir acostumbran a versar sobre temas concretos de la vida cotidiana y, aunque algunos de ellos puedan parecer triviales, proporcionan gran información a quien la requiere. Las cuestiones que se quieren conocer suelen referirse a los siguientes aspectos: su familia de origen y la relación que mantiene con ella; su actitud frente al amor, la amistad y el trabajo; sus ambiciones personales y profesionales; sus deseos e ilusiones; sus antiguos amores y las razones por las que fracasaron; su concepción de la vida y su proyecto de futuro; sus valores éticos, religiosos y morales; sus entretenimientos y diversiones, y, por último, su modo de reaccionar bajo presión o en situaciones límite (aunque esto se ve más claro en la práctica, durante el rodaje que aporta el conocimiento mutuo).

Y aquí es cuando podemos actuar siendo totalmente sinceros, con la verdad por delante, abiertos y transparentes, con el corazón en la mano o, por el contrario, marcarnos todos los faroles del mundo, mintiendo como bellacos.

Hay quien se pone en plan petulante para impresionar a la pareja. A otros les da por ir de misteriosos haciéndose los incomprendidos. Eso sí, prácticamente todos/as empiezan a metamorfosearse, a transformarse en sagaces vendedores de su propio producto: a aupar al máximo su palmito, a lucir su cuerpecito serrano, a explotar sus más ocultas habilidades. Semejamos a aquellos vendedores que montaban el tenderete en la puerta de los grandes almacenes o en las ferias de pueblo y con su vocerío y desparpajo nos arremolinaban en torno a ellos, haciéndonos creer que íbamos a hacer la mejor adquisición de nuestra vida comprando una novedad recién importada del extranjero. Artilugio que, todo sea dicho, no nos hacía ninguna falta, y que, además, al llegar a casa ya no funcionaba.

La moraleja del chasco de esta compra es similar a lo que respondía el abuelo de mi mujer cuando le alababan las cualidades personales de alguien a quien se acababa de conocer. «Sí, sí. Póntelo en casa», repetía con socarrona ironía. En otras palabras: una cosa es el escaparate de las cosas, y de las personas, con todos sus atrezos y maquillajes, y verlo de paseo, expuesto con sus mejores galas, y otra, bien distinta, es cuando te instalan el escaparate en casa, sin adornos ni florituras, que es cuando se ven los defectos, las costuras mal hechas y que realmente no era lo que aparentaba, pero... ¡ya lo tenemos metido en casa! («Oiga, ¿se puede devolver?»)

Una recomendable práctica que se estila poco en el conocimiento de las personas es la de imaginarte cómo podrán ser con el paso del tiempo. ¿Seguirá tan amable? ¿Se comportará igual que ahora dentro de veinte años? ¿Cómo será cuando tenga hijos?... Mi admirado paisano Eugenio d'Ors decía que las cosas —y aquí también podemos aplicarlo a las personas— tenían su «aspecto», su apariencia actual, y su «prospecto», su apariencia futura, cómo serán el día de mañana. Vaticinar, pues, haciendo un alarde imaginativo de estudio prospectivo, aun con todos los riesgos de equivocarse, es un buen ejercicio en la inicial relación amatoria.

¿El amor es adictivo?

Hace unos años me impresionó un psicólogo norteamericano, Stanton Peele, cuando propuso en un libro la semblanza del amor como droga y comparó el enamoramiento como una adicción.

Venía a decir este autor que los sentimientos «elevados» del amor, como son la exaltación del ánimo, el estado similar a la embriaguez, el intenso placer que uno/a experimenta o la hipersensibilidad a flor de piel, muestran todos ellos un parecido asombroso con la situación adictiva. Asimismo, son similares los sentimientos tristes, de vacío, que se originan cuando se retira la causa «embriagante» (droga u objeto amado). Además, en ambas situaciones se aprecia la necesidad compulsiva de conseguir a toda costa una «dosis» para mantener el estado de ánimo alto.

Así, en el enamoramiento, es el deseo irresistible de estar constantemente con el amado, de no poder pasar una hora sin saber de él/ella, bien sea hablando por teléfono, mandando compulsivos mensajes a través del móvil, o concertando fugaces y furtivas citas («¡Aunque sea verte de lejos, cariño!»), o, cuando no haya otro remedio, echar una apasionada mirada a la manoseada foto de la cartera para contentar la falta de visión real del ser amado. ¿Es eso el «mono»?

> *Si tú me miras y yo te miro, si los dos bajamos los ojos y no nos decimos nada, nos lo decimos todo.* (Así se expresaba un poeta enamorado.)

Sin equiparar totalmente el amor a una droga, hay quien opina que cuando nos enamoramos salimos de nosotros mismos, nos entregamos plenamente al otro, enloquecemos, por así decirlo. Hasta el agudo Ortega y Gasset se refiere al enamoramiento como «un estado inferior de espíritu, una especie de imbecilidad transitoria», e indica que «en su iniciación, no es más que eso: atención anómalamente detenida en otra persona». Mi colega Marañón también va por esta línea: «Es como sufrir un delirio transitorio.»

Suerte que Fernando Fernán-Gómez en sus memorias de *El tiempo amarillo* nos habla de las virtudes curativas del amor:

> *Se ha insistido bastante en que el amor es una enfermedad; para mí la enfermedad es el desamor, y eso que llamamos amor es el remedio, la medicina buscada, y para muchos inexistente, que nos cure del desamor, del presentimiento de soledad inminente con que el hombre se ve a cada momento amenazado.*

Otros, más prosaicos, intentan reducir el fenomenal misterio del enamoramiento a un simple fenómeno fisiológico, pura química. Dicen estos investigadores de la bioquímica del amor que el flechazo activa la producción de una sustancia cerebral llamada feniletilamina —viene a ser el Cupido en su versión química—, que produce sensaciones de euforia y exaltación. En estas circunstancias, los enamorados están convencidos de haber encontrado la pareja de su vida. Pero esta fase —según manifiestan estos entendidos— puede durar entre un mínimo de tres días y un máximo de dos años y medio. No más.

Y parece ser que es necesario que se atenúen los efectos de esta sustancia Cupido-droga, para que el organismo humano pueda encontrar el sosiego, el calor y la seguridad necesarios para profundizar en una relación, hacerla más estable, madura y duradera.

Si pasada esta época de atracción la pareja sigue unida (aproximadamente después de dos años, mes más, mes menos), el milagro de las almas gemelas puede producirse realmente. Informan los expertos en esta bioquímica del amor que entonces acontece un cambio en el tipo de secreciones cerebrales: las sustancias producidas son las endorfinas, que calman la mente —anestesiando de alguna manera el alboroto inicial de la pasión—, logran una sensación de seguridad y disminuyen la ansiedad.

El efecto de las endorfinas también tiene una duración limitada de entre cinco y diez años, intervalo que una vez superado da paso a un nuevo período, en que el ciclo se puede iniciar de nuevo. Así, algunas parejas pueden romper en este momento y precipitarse en la búsqueda de un nuevo flechazo que vuelva a ponerlos en plena actividad amorosa (obviamente deben ser personas muy sensibles a la química, que necesitan para vibrar la adecuada «dosis» de soporte biológico cerebral). Mientras que las parejas que siguen unidas, pueden disfrutar de la convivencia renovando viejas pasiones, solidificando así el equilibrio y la duración de su enlace. Y si no: ¡a esperar un nuevo ciclo más fructífero!

Con todo lo dicho, hay que advertir que estas actuaciones bioquímicas que estoy citando funcionan mejor durante la juventud, que es cuando nuestro organismo está en mejores condiciones para traer niños al mundo. Es obvio que en cuestiones de amor, de reclamo de atracción entre las personas, la naturaleza ofrece los mejores recursos en el período más apto para la procreación. Pero, ya se sabe, también, que el amor no entiende de edades.

El nuevo lenguaje del amor

A la vista de cómo está el patio, un tanto revuelto en cuanto a identificar las diversas formas de relación afectiva entre los seres, algunas de ellas antes insólitas o encubiertas y ahora más frecuentes y exhibidas sin rebozo, ha sido necesario buscar a toda prisa una palabra lo más neutra posible que pudiera nombrar cualquier tipo de unión sin herir a nadie. Y la palabra elegida es sin duda «pareja».

He aquí, pues, un acertado término comodín que por significar tantas cosas carece de contenido preciso. Así, puede aplicarse a dos personas, sin más, ya sean novios, casados, amantes, bailarines, paseantes o tenistas que disputan un partido de dobles. Más aún: cada uno de los componentes de estos variados binomios puede referirse al otro como «mi pareja», pero justo sería que precisara si es laboral, circunstancial, sentimental o lo que sea.

No voy a ser yo quien critique la denominación de «relación de pareja», que se ha impuesto con todas las de la ley en el lenguaje coloquial e incluso jurídico, con detrimento (hay que reconocerlo, aunque a algunos nos duela) del vocablo «matrimonio». Lo cierto es que muchos jóvenes eluden utilizar la denominación de matrimonio y prefieren emplear la de pareja, aunque luego terminen por matrimoniar. Allá cada uno con sus razones. Lo que sí ha de aclarar la sociedad —porque quebraderos de cabeza está dando a juristas y gobernantes— es el tipo de reconocimiento social que se da a las parejas: coyunturales, estables, de hecho, convencionales, así como a las nuevas formas que puedan ir surgiendo en el futuro.

¿Y qué hay de los novios? Me atrevería a preguntarle a usted cuántas veces se le presentan jóvenes como «mi novio» o «mi novia». Más bien pocas, ¿verdad? Y ya no le pregunto por el tiempo que hace que no ha oído el término de «prometido», que venía del italiano *promessi sposi*, prometido esposo, y que en rigor nunca llegó a cuajar del todo ni ser popular. Así las cosas, hay multitud de creaciones del lenguaje cotidiano para sortear la denominación «novio/a». Se prefiere hablar de: mi amigo, mi compañera, mi chica, mi tronco, mi tía, mi piba... cuando no candorosas expresiones eufemísticas y abigarradas, como «el chico con el que salgo». Todo vale con tal de eludir la palabrita tradicional: novio/a, que se interpreta como «próximo a casarse», lo que implica cierto grado de compromiso que muchos jóvenes parece que tratan de rehuir.

La relación de pareja

«La pareja se construye a lo largo de la relación que se establece entre dos personas que le van dando una importancia creciente hasta hacerla el centro de sus vidas.» Precisa y encantadora me parece esta sencilla explicación de lo que es una relación de pareja que debemos a la socióloga Inés Alberdi, autora de *La nueva familia española*.

También hay quien dice que la vida de pareja se convierte en una larga conversación, ya que es un largo trayecto compartido. «Cincuenta años de conversación», especifica nuestro Julián Marías. Otros le añaden su ingrediente de dificultad: «Lo que hace interesante al matrimonio es que es la relación humana más difícil jamás ideada», proclama Norman Mailer, uno de los escritores norteamericanos más populares y controvertidos, casado seis veces.

Las parejas menos convencionales se instalan a vivir

juntos y cuentan con entenderse bien en la vida diaria, pero no necesariamente tienen un compromiso de continuidad. Eso sí: piensan en continuar viviendo juntos como proyecto de vida compartida. Es decir, hay entre ellos un compromiso de estabilidad y de fidelidad, pero no hay necesariamente compromiso de pervivencia. No se promete solemnemente la fidelidad; la exclusividad sexual está sobrentendida, ya que con el acuerdo de vivir juntos también se incluye el de mantenerse fieles el uno al otro. En esta coyuntura libremente escogida, la ruptura es una posibilidad y esta posibilidad está siempre presente.

Echemos una ojeada al mapa amoroso europeo. En Dinamarca, Suecia y Finlandia, por ejemplo, casi la mitad de los hogares están formados por una pareja no casada, porcentaje que en Alemania y Francia se acerca a la cuarta parte de la población emparejada; mientras que en España se calcula que sólo un 2 % de las parejas conviven sin matrimoniar. Pero lo más significativo de estas nuevas formas de relación es que muchas de estas parejas tienen hijos y desarrollan una forma de convivencia en todo similar a la de las parejas matrimoniales. Esta situación demuestra que no se ha producido tanto un rechazo a la familia —según preconizan encarnizadamente grupos de presión deseosos de suprimir la estructura familiar— como un cambio en cuanto a las formas de iniciarla.

Con todo, es evidente que el contraste con los comportamientos de las generaciones anteriores es muy fuerte. En las parejas actuales puede no aparecer en ningún momento un compromiso social solemne, pero, no obstante, el compromiso personal es importante. Parece que se da menor importancia al compromiso externo destacándose un mayor compromiso individual, como si se quisiera que sólo la voluntad mutua, no ninguna forma legal o ideológica, fuera lo que obligara a una pareja a mantenerse unida.

No hace falta ser muy sagaz para ver que actualmente se otorga tanta importancia a la novedad y a la innovación en todos los aspectos de la relación de pareja que es difícil reconocer la bondad de las asociaciones «para toda la vida». En cierto modo, el afán de pervivencia parece ser un rasgo arcaico que acompaña a la pareja actual, y a la vez es un aspecto despreciado teóricamente en una sociedad en que todo se renueva porque todo deviene obsoleto y caduco en seguida.

Hay quien opina que en las sociedades tradicionales el matrimonio significaba básicamente buscar la seguridad y escapar de la precariedad, mientras que en las sociedades modernas el matrimonio significa primordialmente buscar la felicidad. Así pues, ya no se trata de sobrevivir sino de ser felices juntos.

Pero no seamos pesimistas, porque el matrimonio puede haber perdido estabilidad pero no su atractivo. Y ello porque la pareja que se construye dentro del matrimonio se configura como el punto de referencia fundamental al que asirse, uno de los pocos que da sentido a la vida.

Aunque como advierte mi colega Luis Rojas Marcos en una entrevista: «Las parejas de hoy tienen unas expectativas casi inalcanzables: quieren ser los mejores amigos, los compañeros ideales, con una sexualidad inagotable, con amor épico...»

El demógrafo Luis Roussel, en sus ensayos sobre la familia actual en Europa, habla de «incertidumbre». Explica que la inseguridad en la vida de la pareja va intrínsecamente unida a la diversidad de opciones y a la enorme libertad personal. Para este autor, en cierto modo el gran cambio en cuanto a la inseguridad de las relaciones lo aportan las mujeres desde que se ha abierto, también para ellas, una enorme cantidad de opciones antes impensables.

En *La nueva familia española* se señala que no se identifica necesariamente la pareja con el matrimonio aunque casi siempre coincida. La pareja, a la vez que se idealiza como uno de los aspectos centrales de nuestra existencia, ha dejado de ser, necesariamente, algo para toda la vida. Las uniones se pueden romper, sobre todo ahora que las mujeres tienen sus actividades y su propio trabajo. De alguna manera el trabajo remunerado, con la nueva independencia que proporciona, suprime el aspecto de seguridad y dependencia que para las mujeres tenía el matrimonio, otorgándoles más autonomía y liberando a los hombres de parte de sus responsabilidades, pues aumenta las posibilidades femeninas de liberarse sin culpabilidad de una relación en la que no se encuentran a gusto.

La posibilidad de divorciarse se contempla como una válvula de seguridad, de escape como última posibilidad de supervivencia ante una excesiva presión que hace intolerable la relación, y la pone próxima a estallar. Claro que también se levantan voces en contra de la facilidad de acogerse al divorcio, porque éste no se contempla como un último recurso ante una situación insoportable, sino que ha pasado a ser expresión de un sagrado derecho individual al que puede acogerse cualquier persona que se sienta infeliz y al cual se subordina cualquier otro interés y cualquier consideración legal, social o familiar. En otras palabras, se viene a decir que el divorcio no se limita a sancionar lo que ya está roto, sino que influye en las expectativas, y puede dejar romper lo que podía ser salvado.

Felizmente, la mujer en este siglo brilla con pleno derecho, con luz propia, y ejecuta en muchos casos la sentencia del periodista escandinavo Kjell Hansson: «El hombre se separa cuando encuentra a otra mujer, mientras que la mujer se separa cuando se encuentra a sí misma.»

> *Me miro al espejo y ya no me reconozco; con esta cara ajada que tengo, con esta expresión de tristeza y cansancio perpetuo. Fíjese hasta qué punto no soy yo, que necesito echar mano de fotos de antes para recordar cómo era. Y cada mañana me pregunto estúpidamente delante del espejo: ¿dónde se fue aquella vitalidad, alegría y belleza que antes tuviste?* (Amarga expresión de una mujer con serios problemas en su matrimonio.)

La fuerza del amor sigue vigente

El amor nunca pasará de moda. Otra cuestión es que esté un poco anémico y haya que darle nuevo contenido a esta maravillosa palabra. Quizá esté algo depauperado y precise de un balón de oxígeno o de una buena transfusión. Pero no tema, volverá a tener el esplendor que tenía antes, cuando las cosas se hacían, pura y llanamente, por amor. Aunque no con la acepción que se da al galicismo tan extendido de «hacer el amor» —que todos sabemos a qué se refiere—, y que tiene poco que ver con el amor a que nos estamos refiriendo. El amor se tiene y se da, no se hace. Y si se hace, hay que tener presente que hacer el amor no siempre es un acto de amor.

Por desgracia, la palabra «amor» se ha vuelto equívoca. Lo mismo vale para un barrido que para un fregado, y de tal confusión léxica no puede salir nada bueno. La gente incurre en confusiones trágicas. Por ejemplo, pensamos que el amor es pura espontaneidad y que, de lo contrario, no es amor sino obligación. De este modo nos entregamos alegremente suicidas en los brazos del azar y de las intermitencias cardíacas. Es decir, seguimos jurando amor eterno en presente condicional.

Ya nos advertía el agudo Quevedo: «El amor es como el oro, que en sales cura y en bala mata.» Y nuestro filósofo José Antonio Marina nos recomienda que seamos prudentes y si alguien nos dice: «Te quiero», le preguntemos rápidamente: «¿Para qué?» Evite confusiones y exija que le conjuguen el verbo en tiempo transitivo, no sea caso...

Fernando Sánchez Dragó cuenta que en Japón, cuando alguien se casa enamorado, todo el mundo le da el pésame, porque se considera una desgracia. «Un matrimonio de amor conduce al desastre, porque el amor es una hermosa locura con fecha de caducidad y si edificas tu familia sobre un espejismo de pasión, fracasas», sentencia. Sin embargo, querido Fernando, no podrás negar que la fogosidad del enamoramiento, la imparable fuerza del amor, es necesaria para poner en marcha toda la relación amorosa que viene luego, ¿no te parece?

Sabemos que la belleza es lo que inicialmente atrae a la gran mayoría de los enamorados. Ésta suele ser básicamente física, pero luego se vuelve psicológica y espiritual. Y así debe ser, porque el amor basado y centrado únicamente en la belleza física suele tener mal pronóstico. No lleva muy lejos, porque es efímero, y por más *liftings* que uno/a se haga, el tiempo no perdona. Si nos fijamos demasiado en el cutis de la pareja, veremos surgir las inevitables arrugas. No es que tengamos que evitar vernos las caras, pero habrá que seguir el sabio consejo que nos brinda Antoine de Saint-Exupéry: «El amor no consiste en mirarse el uno al otro, sino en mirar los dos hacia la misma dirección.»

En una sociedad donde reina omnipresente el sexo, es evidente que los señuelos sexuales cumplen una importante misión en la atracción de las parejas. La revolución sexual, por ejemplo, insiste en explicar a las mujeres que si el sexo es divertido para los hombres, también debe serlo para ellas. Y aunque el argumento pueda ser válido y en teoría deseable, aquí empieza a complicarse el asunto porque ambos sexos no ven las cosas igual ni reaccionan igual —ni bioquímica, ni cultural, ni genéticamente hablando— en el terreno sexual. Surgirán sin duda los malentendidos. Aparecerán formas equívocas de conquista amorosa, como la mujer que ofrece sexo para obtener amor, y el hombre que ofrece amor para conseguir sexo.

> *En la época de mi abuela estaba mal visto que a una mujer le gustara el sexo; hoy está mal visto que no te guste a todas horas.* (Comentario de una joven.)

«Para preservar un emparejamiento feliz —matiza mi buen amigo y eminente colega neoyorquino Luis Rojas Marcos— es necesaria la presencia de un amplio abanico de virtudes como la honestidad, la generosidad, la tolerancia, el entusiasmo y la fuerza de voluntad.»

Todos sabemos que el encuentro sexual desprovisto de cariño y huérfano de afecto es repentino, espontáneo, vigoroso, resuelve el apetito fisiológico y alivia una tensión insoportable. Pero también es breve, transitorio y efímero. La cópula entre dos personas crea, momentáneamente, la ilusión de un vínculo afectivo, pero cuando no hay amor, este ensueño se esfuma una vez concluido el encuentro de los cuerpos.

El acto de amor en toda su plenitud, por el contrario, va más allá de la necesidad meramente biológica: se nutre de actitudes internas, impregna el impulso sexual con ilusión, comprensión, responsabilidad, afán de entrega y afabilidad. Mientras el sexo sin amor acostumbra a ser irreflexivo, voraz y súbito, el sexo con amor no entiende de prisas ni urgencias, sabe que necesita tiempo, disposición mutua, proximidad mental y también emocional con la pareja.

El autor de *Las mujeres de Adriano*, el mexicano Héctor Aguilar Camín, hace una comparación del amor con una casa de tres pisos, que a mí, particularmente, me parece bastante expresiva:

> *En el primer nivel, el más primario, está el deseo sexual, que casi no requiere nombres propios ni individuos, ya que es la atracción ciega e impersonal de los cuerpos. En la segunda planta está el erotismo, ese deseo pasado por la imaginación. Y finalmente, en la planta superior, está la dimensión del amor que incluye las dos anteriores pero con algo más: una adicción mágica a la realidad del otro que te hace no sólo desearlo, sino también querer ser parte de él/ella, fundar una realidad aparte del mundo.*

La genial poetisa Gloria Fuertes confesaba, muy poco antes de morir, que amaba el amor (al igual que san Agustín), y aseguraba: «Sólo con amor se puede hacer un poema, un niño o un milagro.» Y también al alimón parece manifestarse el autor de *El Pequeño Príncipe*: «No se puede vivir de frigoríficos, balances y crucigramas. No se puede vivir sin poesía, color ni amor.»

Enamorarse es, en síntesis, encontrarse a sí mismo en otra persona.

¿Medias naranjas o naranjas enteras?

La relación de pareja no limita la individualización de la persona, como puede parecer desde una visión muy superficial, sino que en cierto modo la potencia: porque hace sacar lo mejor de cada uno para ponerlo en el cesto común de la convivencia. Pero, eso sí, cada miembro de la pareja tiene que perder algo de individualidad para ganar en pertenencia, y pasar así a la complementariedad: lo que ha venido a llamarse popularmente la media naranja.

Es frecuente que estos dos miembros fundadores de esta sociedad limitada tan original que es la pareja no suelan verse a sí mismos como parte de la estructura matrimonial. Al principio, cada cónyuge se experimenta como «un todo» en relación con «otro todo»; luego, de manera progresiva, cada uno tiene que convertirse en «parte». Esto es un hándicap que tiene la persona educada en la cultura occidental: porque le cuesta ver más allá del individuo. Nos consideramos cada uno/a el ombligo del universo, el cual creemos que ha sido construido tomándonos a nosotros como medida de referencia. ¡Ilusos! El ser humano, pues, se considera una unidad, un todo en relación con otras unidades; pero si quiere funcionar correctamente por la vida tiene que saber que cada unidad es, ciertamente, un todo, pero al mismo tiempo una parte. Éste es el laborioso y enriquecedor proceso de la convivencia en pareja.

Al respecto decía en una entrevista el escritor italiano, ex corresponsal de guerra, Tiziano Terzani:

> *Yo creo que cuando nacemos somos sólo una mitad y que nos pasamos la vida buscando el pedazo que nos falta. Cuando lo encuentras, el amor adquiere otro significado,*

si no, te pasas la vida buscando algo indefinido y hay una sensación de frustración...

La media naranja o el alma gemela (término más cursi, pero que sirve como metáfora) es la persona que puede comprender nuestros gustos e intereses, aunque a veces no sean los suyos, y que nos demuestra su apoyo tanto en los buenos como en los malos momentos. Utiliza la sutileza de la empatía y así sabe ponerse en el sitio del otro. Complementa sin limitar. Ama y acepta sin imponer condiciones.

De tal manera que cuando en los momentos de penas y alegrías de la vida nos hemos sentido acompañados, contando con la simpatía y el cariño de alguien, construyendo una historia juntos, queda grabada en la mente como una fuerte conexión afectiva con este alguien que ya se considera parte de nosotros mismos: el álter ego. El poético: «Yo podría ser tú.»

Pero en cuestiones metafóricas de naranjas y medias naranjas, no todo el mundo opina igual.

Por ejemplo, básicamente se equipara el matrimonio —pareja de siempre— a la existencia de las dos medias naranjas clásicas que, una vez juntas, bien complementadas y ensambladas, constituyen «una única preciosa naranja». Al contrario que el matrimonio, que continúa siendo concebido fundamentalmente como la unión legal de los opuestos complementarios que genera el colectivo humano —según expresan los sociólogos—, la cohabitación —pareja de hecho— se presenta más bien como la yuxtaposición de iguales independientes que quieren, poco o mucho, seguir siéndolo.

Eso de la media naranja es un camelo. Te hacen creer y te dicen que la cosa marcha así: tú eres mi media naran-

ja, yo soy media naranja más, y juntos haremos una naranja entera, ¿no? Yo digo: tú eres una naranja, yo soy otra naranja, y juntos somos dos naranjas. Y punto. (Opinión de un joven que iniciaba su vida en pareja.)

Continúo con el símil de la naranja que nos da bastante jugo. A la vista está que cuando dos seres optan por matrimoniar, su gran proyecto está en primar la complementariedad de sus vidas («juntos haremos una naranja») distanciándose de la individualidad de las amistades de la soltería o del simple y puntual apareamiento («juntos somos dos naranjas»). Y estará de acuerdo conmigo en que la individualidad, entendida en el amplio sentido de la palabra, sin cortapisas de ningún tipo, lleva implícito el indeclinable derecho a la libertad. Así pues, en muchos casos puede traducirse en repetidos escarceos amorosos con otras personas que no son la pareja con quien se está la mayor parte del tiempo; entonces, según la óptica desde donde se mire se plantea el dilema: ¿son actos de infidelidad o, por el contrario, de fidelidad con las ideas de uno mismo?

Distintas personalidades

No cabe duda de que cada uno es muy suyo y, a la hora de dar el brazo a torcer, nos resistimos. Los rasgos fuertes de la personalidad de cada miembro de la pareja se manifiestan plenamente en el marco de la convivencia. (No reseñaré aquí los auténticos trastornos de personalidad que, obviamente, precisan de asistencia psiquiátrica.)

Durante el noviazgo, o el período previo de conocimiento de la pareja, se habrán descubierto algunos aspectos de la personalidad de cada uno, pero la mayoría de los destellos personales estaban matizados por el esfuerzo de «quedar bien» delante del otro, de «vender el producto», como se dice. Así, aunque en el enamoramiento haya espontaneidad en la manifestación de los sentimientos, los rasgos de carácter que configuran la personalidad profunda de cada uno podían estar maquillados o plenamente camuflados.

A veces la fricción que se produce en una pareja en conflicto constante no puede explicarse sólo por los diferentes puntos de vista o de perspectiva de los miembros, y es preciso buscar una cualidad más permanente: sus rasgos de personalidad.

Los choques en estas parejas desavenidas provienen de las distintas maneras en que el perfil de su personalidad les dicta el modo de percibir los acontecimientos cotidianos. Por ejemplo, el romántico ve la vida a través de cristales de color de rosa, mientras que el pesimista la ve a través de lentes oscuros; uno con personalidad independiente puede percibir un ofrecimiento de ayuda de su pareja como una intención de rebajar su valía o una falta de confianza, mientras que una persona básicamente dependiente lo interpreta como una señal de atención y apoyo, y así sucesivamente.

> *Sabía de sus defectos, de sus malhumores y descargas de agresividad cuando tenía contrariedades, porque eran evidentes para todos los que le conocíamos por más que él intentaba enmascararlos; pero calculé mal mis fuerzas, porque me creí capaz de cambiarle en el matrimonio, con tacto y dulzura, y hoy sufro las consecuencias de sus tremendas explosiones de ira.* (Relato de una esposa atemorizada.)

Es evidente que los rasgos atrayentes de una pareja que una vez fue armoniosa son reales y lo bastante importantes para volver a unirla —aunque se trate de una pareja que ande muy a la greña—, si ambos por sí solos o con alguna ayuda externa son capaces de superar sus malentendidos. Pero habitualmente estos rasgos atrayentes no tienen bastante fuerza por sí mismos para mantenerles unidos cuando las personalidades de ambas partes no armonizan con facilidad.

La personalidad de cada uno moldea sus expectativas, su visión de la vida y el modo en que reacciona respecto al otro. Así pues, a medida que la gratificación inicial del enamoramiento —originada por los rasgos «atrayentes»— empieza a disminuir, las diferencias de personalidad adquieren más relevancia y empiezan los choques.

Dicho esto, vayamos a lo práctico y le acompaño a buscar soluciones. Para empezar, cuando una pareja desea sinceramente mejorar o rehacer su convivencia, debe haber una auténtica aceptación de la personalidad del otro (incluyendo los aspectos que pueden considerarse «negativos»), buscando los puntos de acoplamiento y complementariedad, resaltando los aspectos «positivos» y aprovechándolos para engrasar la buena marcha de la vida en pareja. Por ejemplo, a menudo es necesario ante un atolladero que uno de los miembros actúe con energía e independencia de criterio para solucionar una situación que no admite ambigüedades, o en otros casos habrá que potenciar la visión romántica, suave e idealista, para encarar una cruda realidad.

Los miembros de la pareja tienen que reconocer que algunos rasgos de la personalidad del compañero/a no son «malos», sino que molestan sólo en la medida en que no concuerdan con los rasgos propios. Es importante admitir que, si sus perspectivas difieren, ninguno de los dos tiene razón o está equivocado necesariamente.

Dé tiempo al tiempo. Con el paso de los días las dos personalidades pueden cambiar de forma paulatina. A medida que uno se vuelve más tolerante respecto a los rasgos del otro, ambos descubren con sorpresa que sus diferencias comienzan a esfumarse. En efecto, sus personalidades van amoldándose una a la otra y se reduce la fricción y los malentendidos. Luego, la convivencia matrimonial pone el resto; algo así como dice en rima un amigo mío: «Dos que duermen sobre el mismo colchón, acaban siendo de la misma opinión.»

CAPÍTULO II

La película del matrimonio

> El matrimonio es la imagen más perfecta que tenemos en esta vida del cielo y del infierno.
>
> RICHARD STEELE

Pincelada histórica

¿Se ha parado alguna vez a pensar que para que la sociedad exista no basta con que la unión de los sexos y la procreación establezcan vínculos biológicos entre sus miembros? Tiene que haber algo más. Es necesario, por ejemplo, que dichos vínculos no corran peligro de aflojarse y romperse amenazando la coherencia del tejido social. Por este motivo la sociedad sólo permite la perpetuación de las familias en el seno de una red artificial de prohibiciones y obligaciones (y por encima de ellas, están los deberes conyugales y familiares de las personas creyentes).

En el origen antropológico de tales condicionamientos sociales, como, por ejemplo, la prohibición del matrimonio entre parientes próximos, se encuentra la elección, impuesta muy tempranamente a nuestra especie, entre la drástica disyuntiva: «O te casas fuera o te matan los de fuera.» Dicho de otro modo: nuestros antepasados, con el fin de evitar una existencia precaria, atormentada por el miedo, expuesta al odio y a la enemistad de sus vecinos, decidieron que cada pequeña unidad biológica debía renunciar a vivir replegada sobre sí misma, y pasar a participar del gran juego de las alianzas matrimoniales.

Y éste es el medio más sencillo y a la vez más seguro de protegerse frente a los desconocidos, o incluso los enemigos, transformándolos en «aliados» mediante el matrimonio. ¡Así de fácil! Los pueblos de Melanesia muestran una admirable conciencia de ello cuando proclaman: «El objetivo del matrimonio es conseguir cuñados», y explican: «Las esposas se toman entre aquellas a quienes se hace la guerra.» Curiosamente, esta ingeniosa fórmula de supervivencia practicada por pueblos calificados de primitivos se ha mantenido viva durante siglos entre las familias de la nobleza y la realeza, y asimismo cuando emergió la burguesía, que buen ojo tenía para consolidar o ampliar los negocios familiares. O sea, la conveniencia de la política matrimonial: «Tú te casarás con fulanito o menganita, y no se hable más.»

El matrimonio, pues, siempre tuvo una significación diferente según los pueblos y sus culturas. En las sociedades de estructura sencilla y simple el cambio de estado de los jóvenes, de soltería a estar casados, se manifiesta mediante una festiva ceremonia pública; pero en las sociedades más complejas, el Estado y la Iglesia exigen ciertas formalidades, cada uno por sus propias razones, ya que han de poner un poco de orden en las uniones del personal, como es lógico; mientras que, por su parte, la comunidad, el pueblo llano, para entendernos, se conforma con reconocer las uniones establecidas de una manera menos formal. Y así están las cosas.

Con todo, en la actualidad, debemos estar atentos a la advertencia que nos lanza el sociólogo Amando de Miguel: «La convivencia en pareja es mucho más inestable de lo que socialmente sería aconsejable.» Tomemos nota.

Dinámica de la vida en pareja

La pareja, pues, no es otra cosa que el resultado de un proceso de reducción sociológica de la organización en tribu. El paso de una formación de vida tribal a una relación dual (de dos personas) fue un gran acontecimiento social del que seguimos beneficiándonos.

Obviamente, la constitución de la pareja ha variado mucho con el paso del tiempo, aunque las más reconocidas y auténticas hayan sido siempre las basadas en una elección amorosa, que todavía sigue en pie a pesar del materialismo de nuestra época.

El proyecto —consciente o inconsciente— de una pareja consiste en mantener cierta permanencia a través de la historia, es decir, su continuidad de sus orígenes a través de su descendencia. Hay una especie de deseo de inmortalidad que debe alimentarse cada día con una maduración individual de cada uno de sus componentes, con un reconocimiento de sus diferencias y una acomodación recíproca de sus personalidades.

Está claro que la vida en pareja facilita la maduración de cada uno de los miembros, pero también ofrece un marco protector para el hombre y la mujer. El enriquecimiento espiritual de cada miembro de la pareja contribuye a reforzar la cohesión de ésta. Hay unas fuerzas centrípetas (que actúan hacia dentro), y el amor es la más importante de ellas, que inciden en la pareja y que deben conjugarse y aprovecharse para contrarrestar las fuerzas centrífugas (que se dirigen hacia fuera) de cada uno de los componentes que, al contrario, tienden a deshacer la unión de la pareja. Todos sabemos que los puntos de ruptura son numerosos en la vida de una pareja y constituyen abundantes situaciones de crisis.

Al igual que el individuo, la pareja evoluciona a través de conflictos y crisis que deben servir para fortalecer su estructura, superando las eventualidades que se presenten y de esta manera la pareja va madurando. Incluso la separación y el divorcio pueden suponer una forma de maduración psicológica para algunos. Pero no olvidemos que hay parejas —y numerosas— que son capaces de evolucionar sin separarse, asumiendo un compromiso de unión, aunque éste haya sido construido inicialmente sobre bases inciertas.

Se dice que todo conflicto es madurador, y es cierto, pero con la condición de que sea reconocido como tal por la pareja. Las crisis, pues, que se sucederán inevitablemente en la vida de la pareja, tienen ciertamente un poder madurador y son un factor de evolución, siempre y cuando se tenga conciencia de ellas y se busque el mantenimiento de la cohesión entre los cónyuges.

> *Tuvimos hace un año una crisis muy fuerte y estuvimos en un tris de mandarlo todo a paseo. En un momento de lucidez para ambos, nos propusimos reflexionar cada uno por nuestra cuenta, sin prisas y desapasionadamente, pidiendo consejo y las ayudas externas que hicieran falta. Luego, nos sentamos a hablar; eso sí: con voluntad de rehacer lo que estuvo a punto de romperse. Aclaramos malentendidos y nos pedimos mutuamente disculpas. Desde entonces, nuestro matrimonio ha salido fortalecido.* (Relato de unos esposos.)

Amor, matrimonio y sexo

Algunas parejas no han aprendido a diferenciar el enamoramiento, el amor, la convivencia y el compromiso matrimonial. Creen que su enamoramiento inicial, es decir, su pasión, la atracción intensa que sienten el uno por el otro, la idealización, las emociones máximas, son una fuente inagotable que mantendrá viva para siempre su relación.

Piensan que la aceptación profunda de la realidad del otro, su conocimiento y comprensión, su aceptación plena, la compenetración, la lealtad y fidelidad, la reciprocidad generosa y otros integrantes del amor se adquieren de forma gratuita con el paso del tiempo. Piensan que el amor es un sentimiento espontáneo que nada tiene que ver con la voluntad. Y esta concepción ingenua e idealista del amor y de la convivencia fomentará la pasividad, siendo la pareja presa fácil del aburrimiento y del abandono cuando surjan los inevitables roces y problemas de la relación matrimonial.

Abundantes maridos consideran el hogar, nido de amor, como algo ya conquistado, consolidado para siempre, al que ya no hace falta aportar nada; el lugar idóneo para relajarse del ajetreado día de trabajo: «El descanso del guerrero.»

> *Es un buen hombre, trabajador y honrado, que nunca me ha faltado; pero cuando llega a casa es como si no estuviese: se pone las zapatillas, se apalanca en su sillón con el periódico o la tele, cena sin decir ni mu (dice antes que está muy cansado), me da las buenas noches, se acuesta y hasta el día siguiente.* (Queja frecuente de esposas.)

Habitualmente se comete el error de estimar el amor como origen del matrimonio, con desdén incluso para el que se contrae por cualquier otra causa. Y eso es falso, puntualiza nuestro escritor y dramaturgo Antonio Gala, porque «el amor no es la mejor agencia de matrimonios; casi diría que es el matrimonio el que puede ser la mejor agencia de amor»; trabajándolo cada día dentro del adecuado marco de la relación de pareja.

Con la opinión de que el amor no es la mejor agencia matrimonial coincide la escritora francesa experta en temas de familia Georgette Blaquière, que desde su óptica de persona creyente expresa: «Creemos que es el amor el que hace durar el matrimonio y muchas veces es el matrimonio el que hace durar el amor, porque es Dios quien se compromete también con los esposos.» Esta autora no duda de que haya matrimonios con dificultades reales graves, e insiste en que cada pareja tiene su propia historia y una manera personal de resolver sus problemas; pero apunta la idea de que el matrimonio es como el «laboratorio del amor», el camino privilegiado que lo introduce en el corazón de lo real, de lo cotidiano.

En esta sociedad tan erotizada en que nos toca vivir, con el omnipresente sexo impregnando a todas horas nuestros sentidos, ¿cómo no va a cobrar la vida sexual de la pareja una trascendental importancia? Tanta, que se la entroniza en muchas de ellas como faro que alumbra toda la convivencia en pleno y, así pues, si languidece su resplandor por el motivo que sea, se interpreta que algo muy grave está aconteciendo en la relación de pareja. Y amenaza seriamente su continuidad. Entonces puede pasar con el sexo lo del símil del árbol que no deja ver el bosque.

Otorguemos al sexo su justa parcela en la relación interpersonal, sin magnificarlo ni infravalorarlo. Permítame el lector que eche mano otra vez de Antonio Gala, porque tiene un precioso símil:

> *El matrimonio es un edificio. Y en él, por lo común, tiene una planta el sexo. Una planta sólo: el matrimonio no*

es una casa de citas. Hay también oficinas, clínicas, pompas fúnebres, lavanderías, guarderías infantiles, aulas, etc. Un edificio completo, por tanto. Y la planta del sexo está además canonizada; aquí el «connubio» implica el «convivio»: la decisión de compartir los cuerpos implica la de compartir todo lo demás. El abrazo conyugal es la expresión de que se está dispuesto a abrazar cuanto el cuerpo partícipe introduce en la cámara nupcial, el pasado y el futuro también. Así entendido, el sexo realiza; de otro modo, puede desequilibrar la institución y convertir en un solar el edificio.

A estas alturas nadie duda de que las relaciones sexuales constituyen la máxima y más íntima expresión en el campo de la comunicación afectiva. Éste es un gran descubrimiento de nuestro tiempo, que se ha producido como consecuencia de la separación entre la relación sexual y la procreación. La sexualidad tiene sentido en sí misma como expresión del amor interpersonal de la pareja, aunque ésta considere razonable no tener hijos, al menos por el momento.

Los cónyuges que quieran rehacer su vida sexual, como ayuda importante para sacar adelante su matrimonio, deben tener presente la dimensión afectiva del sexo. La ternura debe volver a impregnar las relaciones sexuales si no queremos vivir la sexualidad como un fenómeno puramente biológico y que se produzca inevitablemente la caída del deseo. La ternura desborda con mucho el campo de la sexualidad genital. No reduzcamos, pues, la relación sexual a un simple intercambio de sensaciones agradables, aunque es muy deseable que efectivamente sean agradables, y mucho.

¿Y cómo andamos de sexo?

Hace unos años, en un extenso estudio británico se comprobó que, incluso en matrimonios felices, casi la mitad de los encuestados informaba de una disminución del interés y el deseo sexual con el correr del tiempo.

La reducción o pérdida del deseo sexual en la vida de pareja es mucho más común de lo que la mayoría cree. Por supuesto, como en todo, hay excepciones. No obstante, existen muchas razones para que se produzca la disminución del apetito sexual. En general, la atracción física y el propio enamoramiento del noviazgo alimentan las llamas del deseo y, a medida que se sosiega este apasionamiento inicial, también disminuye la intensidad de la pasión. Pero, ¡ojo!, eso no significa que se esté perdiendo el interés por la persona amada, sino que lo que está cambiando —madurando, me parece mejor término— es la capacidad de amar.

Aparecen otros intereses en la vida de los cónyuges que no estaban presentes —al menos, de una manera real— en la etapa del noviazgo o de conocimiento previo de la pareja. Hay que organizar el hogar, procurarse el sustento de cada día, solucionar un sinfín de cosas que ahora se vuelven apremiantes, aunque sean más prosaicas y obliguen a tocar de pies en el suelo, y todo ello absorbe gran cantidad de energía que antes se canalizaba en el romance amoroso.

La fatiga del trabajo diario, las tensiones laborales y sociales, la dedicación a los hijos, las obligadas tareas domésticas, los problemas de salud y, en algunos casos, los abusos de sustancias, como el alcohol y otras drogas, son factores que intervienen en la atenuación del apetito sexual. También aquí habría que añadir los factores psicológicos que provienen de las actitudes que se toman frente a uno mismo, frente al sexo y frente al cónyuge. Por ejemplo, las dudas de sí mismo que implican una sensación de incapacidad o miedo al fracaso en la relación sexual pueden generar una impotencia que debe ser tratada médicamente. O bien una persona puede tener una preocupación específica sobre determinados aspectos de su vida sexual que precise de asesoramiento psicológico o requiera una ayuda espiritual. Y no olvidemos a los profesionales de la sexología, que están para esto.

De manera muy prosaica, pero también realista, se manifestaba el actor Dustin Hoffman en una entrevista abordando el tema de la relación sexual de la pareja:

> *En la experiencia sexual estamos programados de un modo distinto. No sé si se han fijado en que la primera reacción de la mujer, una vez concluido el acto sexual, es abrazar al hombre; mientras la del hombre es apartarse de ella. Creo que esto es muy significativo.*

En la consulta me encuentro con personas que están sumamente preocupadas por si su capacidad sexual es adecuada para satisfacer a sus cónyuges y a sí mismas. Así las cosas, esa «ansiedad por cumplir» se convierte en una profecía que se realiza en sí misma: al estar tan pendiente de su actuación en el acto sexual, no se comportan relajadamente y no disfrutan con plenitud de lo que debería ser una placentera relación. El sexo incluso puede llegar a parecer un desafío o una prueba agotadora, y acabar perdiendo interés en él. Asimismo, la discrepancia entre las preferencias sexuales de cada uno de los cónyuges y la conflictividad acerca de la oportunidad, la frecuencia o la variedad de la relación sexual, pueden generar resentimientos, ansiedad o sentimientos de culpa. La pareja debe ser capaz de dialogar y sincerar sus preocupaciones, dudas y tabúes, para que ambos puedan llegar a un armónico acoplamiento de sus apetencias sexuales.

A nadie escapa que los problemas y las fricciones de la relación cotidiana entre los cónyuges pueden ser una causa frecuente de trastornos en su vida sexual. Veo cónyuges que optan por «castigar» a su pareja, privándoles de ejercer su sexualidad con repetidas excusas de no estar en condiciones. Y esta práctica punitiva es más frecuente de lo que se cree.

> *Mi mujer tiene un puntual dolor de cabeza o de espalda cuando le sugiero irnos a la cama para practicar el sexo. Y, otras veces, cuando estamos en la cama, me dice que está cansada y que sólo le apetece dormir. A eso le llamo yo irónicamente «castidad matrimonial».* (Queja de un marido; con ruptura de la relación al poco tiempo.)

Por el contrario, también hay cónyuges que solucionan su conflictividad cotidiana en el lecho marital, lugar de encuentro para sublimar agresividades contenidas durante el día transformándolas en amorosas acometidas sexuales. Es un dicho popular el que «muchos problemas conyugales se solucionan en la cama».

Sugiero poner a punto la vida sexual de cada uno, cuidando de reciclarnos en los más mínimos detalles que hacen atractivos los sexos, sin descuidar la coquetería, tanto femenina como masculina, saber conservar la línea de la estética corporal, estimular la fantasía y las sutiles artes de la conquista amorosa. Todos somos capaces de mantener día a día encendida la llama del deseo hacia nuestro cónyuge, conquistándolo/a con ingenio y originalidad. Aquí sí que vale el profundo grito: «¡La imaginación al poder!»

Distintos lenguajes de los cónyuges

«La mujer descansa cuando habla, y el hombre se cansa hablando», expresa un dicho popular. Aunque hay excepciones, es cierto que la mujer habla más y mejor que el varón, y disfruta más que él con la comunicación. También la mujer suele expresar mejor las emociones que el hombre. Las esposas disponen de un recurso que, por lo general, casi ningún marido tiene: una gran habilidad para la expresión de las emociones, según advierte mi amigo el psiquiatra Aquilino Polaino-Lorente en su obra *Cómo mejorar la comunicación conyugal.*

Deduzco por sentido común que una de las causas probables de esta ventaja expresiva de las féminas es porque durante siglos se ha considerado impropio del varón expresar abiertamente las emociones, y se las ha encorsetado con severas normas de educación (situación especialmente evidente en las clases sociales altas o aristocráticas), mientras tanto las mujeres nos han tomado delantera en este canal de comunicación no verbal (tono, gestos, mímica) que es el idóneo para exteriorizar sentimientos y emociones. «¡Lloras como una niña!», se recrimina desde pequeño al niño llorón.

La mujer usa con más frecuencia y con mayor profusión el lenguaje gestual que el varón, además de usar más la comunicación verbal (el lenguaje hablado) que el hombre en la convivencia doméstica. Siguiendo con las diferencias lingüísticas entre ambos sexos, es posible que la mujer se esfuerce más que el hombre cuando se comunica con su esposo. De hecho, el varón silencioso, que sólo contesta con monosílabos o gruñidos a su esposa, habitualmente es un animado conversador cuando se encuentra con amigos del mismo sexo. Quizá la explicación está en el hecho de que la mujer está más abierta y acoge mejor lo que le dicen porque se entrega mucho más a lo que le comunican; mientras que el hombre habla menos porque escucha menos y, en consecuencia, se involucra menos en lo que le aporta su esposa.

Tenga usted presente que la relación de pareja es básicamente de índole emocional. Se calcula que las dos terceras partes de las conversaciones cotidianas de los esposos son, de manera implícita o camuflada, comunicaciones de características emocionales, con un alto nivel afectivo en las mismas. Repase si no mentalmente la de cosas bonitas y halagadoras que se dicen los esposos a lo largo del día, cuando hay un buen *feeling* entre ellos.

Es conocido también que la mujer, en general, se siente más atraída por el discurso masculino que por el femenino, acaso porque lo que expresa el hombre es más incisivo, lineal, simple y directo, características todas ellas que suelen ser menos frecuentes en el discurso femenino. Por la razón que sea, el hecho es que la mujer tiene una necesidad mayor de comunicación afectiva, impregnada de ternura y de detalles, que el hombre, ya que éste va siempre «más directo al grano».

> —*Oye, Miguel, ¿tú qué harías con esa puerta de la cocina, que desde que se mojó con aquel escape de agua de la semana pasada se ha hinchado de tal manera que ahora no cierra bien...?*
>
> —*¡Pero qué cosas me preguntas, Matilde! Llama al carpintero y en paz, mujer.* (Diálogo doméstico habitual.)

Advierto que, muy a menudo, cuando la esposa le pregunta al marido su opinión ante determinado problema, lo más seguro es que ella sepa de antemano la correcta solución. El marido, por el contrario, piensa lo lerda que es su mujer preguntándole algo tan elemental. Y éste no se da cuenta de que lo que simplemente requiere su esposa es que atienda a su demanda con cariño y le dedique toda su atención por un momento. ¡Así de sencillo!

Posiblemente, la mayoría de las dificultades conyugales en materia de comunicación residen en este hecho diferencial: el varón opta preferentemente por la comunicación racional, con toda su lógica intelectual, y la mujer prefiere manejarse con la comunicación emocional, que da mayor importancia a los sentimientos que a la validez de los razonamientos.

Y de aquí salen dos cuestiones que tienen mucha miga: ¿De qué le sirve a una persona sentirse querida si la otra no se lo dice, es decir, no se lo manifiesta verbalmente? ¿De qué le sirve a una persona que verbalmente le manifiesten lo mucho que la quieren, si no se siente querida, porque no llega a esta convicción por el tipo de emociones que le transmite la otra persona? Es decir, todos tenemos que esforzarnos en tratar de aunar palabras y sentimientos, en saber expresar y recibir las emociones. Por separado, no cuelan.

Diferentes expectativas: dos matrimonios en uno

Le voy a poner un ejemplo muy gráfico. Imagínese a dos personas que entran por distintas puertas en una misma habitación vacía. Cada una de ellas viene bien cargada con su equipaje: maletas, bolsas y otras pertenencias. Una de las personas deja alguna de las maletas en el suelo de la habitación, pero luego se lleva y deja fuera otros bártulos. La otra, por el contrario, deposita todos sus bultos dentro de la habitación y no deja nada fuera.

Ésta es la imagen metafórica del matrimonio. La habitación representa el marco matrimonial, el espacio físico y espiritual en que se desarrollará la convivencia de la pareja. Los bártulos que llevamos a cuestas y que metemos en la habitación son los presentes, nuestro bagaje vivencial, que aportamos o regalamos a la estructura matrimonial, lo que realmente queremos que figure en este marco de convivencia. Los enseres que dejamos en el habitáculo de la casa común son para compartirlos y disfrutarlos con el otro miembro de la pareja. El resto, lo que sacamos fuera, nos lo reservamos para cada uno de nosotros. Es nuestra privacidad.

Obviamente, los hay generosos y los hay tacaños: hay quien aporta más y hay quien aporta menos a este espacio común del matrimonio, la futura cancha de la vida en pareja.

Cada uno de nosotros tenemos aficiones, hobbies o características de nuestra personalidad que nos reservamos para nosotros mismos y no compartimos con el otro miembro de la sociedad matrimonial. Fútbol, caza, partida de mus o de póquer, reuniones de trabajo, horas extra, copas con los amiguetes, etc. Además, están nuestros papeles secretos, recuerdos de familia, nuestros fantasmas y fantasías. «¡Lo mío!», en suma.

Dentro de cada matrimonio existen, pues, dos matrimonios: el del marido y el de la esposa. Incluso en circunstancias normales los miembros de la pareja pueden vivir sus relaciones de forma muy distinta, a causa de las diferentes expectativas que un hombre y una mujer tienen, por lo general, respecto a lo que esperan del matrimonio.

En el pasado, las diferentes expectativas del marido y de la esposa eran más fijas y estereotipadas, ya que el papel de cada uno en el ámbito matrimonial venía minuciosamente reglamentado por las tradiciones familiares y las costumbres sociales. En la actualidad, las cosas están cambiando radicalmente: acceso de la mujer al terreno laboral, equiparación profesional con el hombre, reparto equitativo entre los dos sexos del trabajo doméstico, etc. Muchas parejas se mueven con otros parámetros diametralmente opuestos a los de antaño. Como apunta la socióloga Inés Alberdi:

> *Antes era una certidumbre el matrimonio para toda la vida, y la felicidad era incierta; ahora la felicidad tiene que ser una certidumbre y lo de toda la vida es incierto.*

No obstante, en no pocos estratos socioculturales aún perduran, radicalmente diferenciadas, las expectativas matrimoniales del marido y de la esposa. Así pues, mientras que para un hombre el hogar y la vida de familia complementan y proporcionan un refugio del mundo del trabajo y de su carrera profesional (a lo que antes me he referido como «el descanso del guerrero»), para muchas mujeres el matrimonio y la maternidad son una finalidad en sí mismos. Por tanto, la calidad de sus relaciones conyugales puede ser más importante para estas mujeres —que han invertido mucho en la empresa matrimonial: han dejado todos sus bártulos en la habitación— que para sus maridos, que tienen otros proyectos y otras alternativas en los que centrar su atención cuando su vida doméstica pierda interés o se vuelva insoportable —se han reservado varias maletas fuera de la habitación—. También para algunos hombres —y otras tantas mujeres, que también las hay muy «trepas»— el matrimonio es un simple medio para alcanzar otros fines de mayor importancia para sus objetivos futuros: ascenso laboral, prestigio social, etc.

Huelga decir que los que han apostado muy fuerte por la empresa matrimonial, han invertido todo lo que tenían y han puesto toda su energía en mantenerla boyante, no podrán dejarla hundir sin oponer la máxima resistencia. ¡Lucharán hasta el límite! (Aquí le adelanto al lector una clave para entender la virulencia que puede presentar uno de los miembros de la pareja cuando la relación amenaza con romperse.)

Compromiso, confianza y fidelidad

A medida que se calman las pasiones, después del fogoso enamoramiento inicial, emerge —o debería emerger— como principal fuerza de la unión matrimonial la dedicación al bienestar y a la felicidad mutuos. Los cónyuges asumen libremente confiarse el uno al otro, bien a nivel de casamiento por lo civil o siguiendo el ritual de la Iglesia «para bien o para mal, en la riqueza o en la pobreza, en la enfermedad y en la salud...».

> *Supongo que lo de la pobreza y la enfermedad es optativo, ¿verdad?...* (Pregunta el futuro marido al sacerdote celebrante, en un chiste de boda.)

Es evidente a todas luces que estar seguros de que nuestra pareja nunca nos abandonará da una sensación de seguridad y confianza en la relación. No se puede salir de casa desconfiando de la esposa, temiendo que en cualquier momento pueda entenderse con el repartidor del butano, o no fiándose del marido, sospechando que a la mínima se escapará para verse con la vecina del quinto. Como tampoco se puede desconfiar continuamente de los compañeros del trabajo de que a la que salgamos de la oficina nos quitarán el puesto. Y aquí añada usted todos los ejemplos que quiera. ¡Desconfiar es un no vivir! Para algo hemos salido de la selva, para escapar de los depredadores que nos acechaban noche y día, y hemos establecido, a lo largo de los años, un hábitat más confiable que llamamos civilización.

En una columna periodística, Josep Miró i Ardèvol opinaba así:

> *Un hombre o una mujer infiel a su cónyuge lo acaba siendo en cualquier ámbito, porque la fidelidad, como otros valores, no puede trocearse como una mortadela.*

Las raíces de la confianza básica se desarrollan mucho antes del matrimonio. Esta actitud (confiar) empieza a generarse a partir de las primeras experiencias del niño, con los precoces vínculos materno-filiales, que luego se extienden a todo el entorno familiar, alimentándole de la autoestima suficiente para más adelante, ya de adulto, confiar en el mundo de las relaciones sociales. En situaciones de conflictividad matrimonial, detecto con frecuencia a personas que no desarrollaron en su infancia esta actitud a confiar (carencia afectiva, abandono, maltrato, etc.) y que trasladan sus desconfianzas y recelos a la vida matrimonial, con el consiguiente trastorno en la relación.

La confianza básica entre una pareja implica estar plenamente seguro/a de que puede confiar plenamente en su consorte, de que siempre lo encontrará en disposición de ayuda, defenderá sus intereses y procurará en todo momento su bienestar. En suma: poder confiar en él/ella su propia vida. «¡Qué fuerte!», seguro que exclamará sorprendido si lee esto un joven actual.

Pero, a veces, sucede que una persona rechaza un compromiso de relación total por las renuncias que implica. Algunas personas, por ejemplo, disfrutan del matrimonio, pero no quieren realizar ningún sacrificio por él. Desean tener lo mejor de ambos mundos, como puede ser la seguridad y el amor constante que ofrece el matrimonio, pero también la libertad y la falta de responsabilidad que propicia la soltería. No se atreven, pues, a establecer un compromiso con la fidelidad.

> *Sé que me engaña, y además con mi mejor amiga, pero le quiero tanto que le perdono una y otra vez; espero que un día se dé cuenta de que nadie más que yo le quiere tanto y ya no me engañe más.* (Lamento de una esposa reiteradamente engañada.)

En algunas parejas, los cónyuges están dispuestos incluso a aceptar la infidelidad de su consorte, bien porque estén locamente enamorados y lo perdonen todo, albergando siempre la esperanza de que «ya cambiará», bien porque no tengan otros medios de subsistencia fuera del matrimonio y tengan que resignarse, o porque esta situación también les permite ser infieles sin sentirse culpables...; es más, incluso hay parejas que llegan a un pacto: mantener las formas de convivencia familiar de cara a los demás, y no inmiscuir las aventuras de cada uno en la relación conyugal. Por último, en otros casos, la infidelidad es discretamente tolerada («Por los hijos y para mantener la familia unida», me dicen a modo de justificación), aun siendo una fuente continua de dolor.

Cuando la maternidad y la paternidad se convierten en obsesión

Hay parejas que no tienen hijos —por las razones que sean— y viven magníficamente su relación conyugal. Saben complementarse a la perfección y realizarse cada uno de ellos dentro de su matrimonio. Sin embargo, hay otras parejas que tampoco tienen hijos... y lo pasan fatal. Son las que quieren acceder a la maternidad y la paternidad a toda costa y al precio que sea. No se resignan a no ser padres.

Obviamente, como pediatra que también soy me sale del alma animar a las parejas a que tengan descendencia —y cuanta más, mejor—, ya que encontrarán ventajas de todo tipo, tanto para padres, como para hijos. Pero cuando el hecho de ejercer de padres se convierte en obsesión, empiezo a alarmarme.

La misma reproducción artificial, con todo lo que tiene de gran avance científico, aunque conlleve las limitaciones éticas y religiosas que todos conocemos, puede vivirla la pareja con relajado y esperanzado optimismo, o con la tensión y la angustia de la espera, y la posible decepción ante el potencial fracaso de las técnicas de reproducción asistida. Y este fracaso en la inseminación artificial o en la fecundación del óvulo «in vitro», cuando se vive con tanta ansiedad y preocupación, puede afectar a la relación.

Parece ser que estadísticamente son numerosos los casos de separaciones y divorcios de quienes no obtienen los resultados deseados con el uso de estas técnicas de reproducción artificial. Son parejas que se han polarizado excesivamente en el futuro hijo y han proyectado sobre él, como único programa de realización personal, todas sus inquietudes y proyectos. No han sabido encauzar su energía en la complementariedad que implica la relación de pareja, ni en actividades de índole social, cultural u otras capaces de producir intensas satisfacciones personales.

El auge de la infertilidad en el mundo moderno es un hecho bien demostrado: alcanza al 15 % de las parejas en los países occidentales. Las causas son múltiples: estrés, drogas, contaminación ambiental, malformaciones anatómicas, anomalías genéticas, etc. ¿Vamos por ello a repudiar al cónyuge estéril y buscar otro más fértil? ¿Va a irse al traste la relación de pareja porque no llegan los hijos...?

Es sabido que en la Antigüedad el fin primordial del matrimonio, tanto monogámico como poligámico, era la continuidad de la estirpe. Los hijos eran tan imprescindibles para la supervivencia de la comunidad como la abundancia de cereales. La esterilidad no sólo se entendía como el mayor de los infortunios, sino que también era un motivo más de justificado repudio o separación. Ahora que no pensamos únicamente en términos productivos, queremos seguir teniendo hijos, pero con un sentido de parentalidad responsable.

Asimismo, los avances sociales y tecnológicos en materia de reproducción hacen tambalear principios incuestionables de antaño, como, por ejemplo, la afirmación rotunda de que «madre no hay más que una». Hoy se habla de madres de alquiler, de acogida, de sustitución, de madre portadora, suplente, genética, uterina, social, adoptiva, vendedora, compradora y puede que alguna más que se me escapa.

«Ese par de amigos», como llamaba un poco despectivamente don Miguel de Unamuno a la pareja sin hijos, tienen mucho que hacer en la vida: actividades de solidaridad, cuidado de menores, adopción, etc., y si continúan sin tener descendencia, son, además, un magnífico ejemplo de amor en estado puro... sin hijos por en medio.

Construyendo el edificio amoroso

Se abusa mucho del símil del edificio cuando se habla de matrimonio. Sin embargo, es una metáfora bastante acertada, porque construir una vida en pareja tiene grandes semejanzas con la construcción de un edificio. Por ejemplo, hay que escoger buenos materiales para los cimientos y levantar las paredes maestras: amor, compromiso, lealtad, confianza, compenetración, respeto, ternura...

Ya he dicho anteriormente que el amor por sí solo no es suficiente para proporcionar los lazos duraderos que unen una relación. Hay que añadir otros ingredientes, al igual que nos esmeramos por variar los platos de la cocina diaria con nuevos aliños y no hacerla aburrida.

> *Si fuera la mitad de amable y simpático en casa de lo que es en la oficina, ya estaría contenta; según dicen sus amigos y compañeros del trabajo, es el mejor relaciones públicas, el que cuenta mejor los chistes y el que alegra cualquier fiesta con los amigotes; en casa, por el contrario, es totalmente cenizo, créame.* (Queja de una esposa con marido aburrido.)

«Llegar siempre a casa con talante amable es una de las leyes conyugales que no admite excepción», nos aconseja Honoré de Balzac en su clásica obra *Fisiología del matrimonio.* La rutina, la pasividad o la falta de creatividad son algunos de los enemigos habituales que pueden echar al traste lo que un día se inició con la mayor ilusión. Sin duda el tedio de la rutina es la más peligrosa carcoma que puede corroer la estructura matrimonial. También puede hacer su aparición la temida aluminosis: los celos, las aventuras extraconyugales, el alcoholismo, los malos tratos, etc., desmoronándose así las vigas maestras que sostienen la estructura matrimonial.

La palabra *respeto* es, quizá, la más importante del diccionario de la pareja, según expresa el escritor José María Gironella: «El amor y el respeto son las dos muletas indispensables para conseguir que la pareja humana soporte la convivencia.» Con todo, mantener el amoroso respeto a lo largo de toda una vida no es tarea fácil.

La fluida comunicación juega aquí un papel muy importante, porque «el matrimonio es, por ejemplo, cincuenta años de conversación», según oportuna cita del filósofo Julián Marías. También el académico Martín de Riquer pregunta a las parejas que quieren casarse «si tienen tema de conversación para cincuenta años». Por algo será que todos coinciden en que la comunicación verbal entre cónyuges es fundamental. De hecho, es la queja que oigo más veces en la consulta: la incomunicación de la pareja.

En la relación se producen situaciones inesperadas con las que hay que contar, como pueden ser los problemas de salud de uno de los miembros o un quebranto económico que desestabilice los ingresos de la pareja. Hay, pues, que saber sortear los obstáculos inoportunos que pretenden tambalear el edificio.

También hay que contar con los enemigos de la auténtica intimidad. Algo así como: juntos, pero no revueltos. La excesiva intimidad, auténticamente intrusiva en la vida del otro, puede ser peligrosa. Y no me estoy refiriendo aquí únicamente a la intrusión en el ámbito mental del consorte, violando su íntima personalidad, sus ideas y pensamientos más suyos; sino a la descarada intromisión en el espacio físico privativo del otro. ¿Se ha parado a pensar cuál es la habitación potencialmente más peligrosa de la casa? ¡El lavabo, señores!

Ese aparentemente inocente habitáculo, reservado para las funciones higiénico-fisiológicas más elementales, en donde todos tenemos nuestros pudores, con más o menos escrúpulos, puede transformarse en una cámara de siniestras torturas. Mi ilustre colega Gregorio Marañón escribió: «El lugar más peligroso para la pareja es el cuarto de baño.» Suele ser un lugar reducido, propenso a los roces corporales, donde la intimidad está desnuda, desmaquillada ella y con rulos, despeinado él y con legañas, por no citar otras imágenes evacuatorias de obligado y cotidiano cumplimiento, que no son precisamente muy románticas. Recuerdo que en mis años mozos decíamos la siguiente ordinariez: «Si quieres a tu amor olvidar, imagínatelo c...» Cierto. Más de un amor que parecía eterno se ha truncado en el cuarto de baño y ha desaparecido por el agujero del desagüe del lavabo o de la bañera.

Pequeños gustos y *petites phrases*

Con las prisas y las rutinas que nos apremian en el día a día nos vamos abandonando. Olvidamos darnos pequeños gustos, mínimos detalles que hacen agradable la convivencia. Ya no se trata sólo de añadir al cotidiano saludo de los «Buenos días» al despertar la coletilla de «Buenos días, cariño», que no representa ningún esfuerzo adicional y siempre se agradece, sino de estar pendiente de los gustos del cónyuge y adelantarse en cumplimentarlos. Conocer, en suma, sus puntos sensibles para gratificarlos, cada uno en su justa medida.

Marcel Proust, en su conocida obra *En busca del tiempo perdido*, nos da una preciosa pista de cómo debemos actuar al respecto con nuestra pareja. Utiliza la expresión *«pe-*

tite phrase»; con ella quiere concretar y condensar en una pequeña frase, que bien puede ser musical —de una melodía clásica o una canción actual de moda—, o de una frase literaria, o en una imagen —equivalente de la «pequeña frase» en pintura, arquitectura y en otras artes—, aquellos sentimientos que cada uno de nosotros guardamos en lo más íntimo de nuestro ser y que forman parte del equipaje emocional con que embarcamos en el proyecto de vida en pareja.

Todos tenemos nuestra «pequeña frase», un recuerdo musical especial, una estrofa de un poema de amor, aquel patio con geranios de una luminosa pintura, aquella escalera modernista, la escena de una película... «Por su *petite phrase* los conoceréis», apostilla el escritor y dramaturgo Francisco Nieva, refiriéndose a que, una vez confesadas, nuestras «pequeñas frases» nos definen con exactitud, nos descubren, como si recurriésemos al examen grafológico de nuestras firmas.

Pienso que no estaría mal que al principio de una amistad, dos personas se tarareasen mutuamente sus «pequeñas frases», para empezar así desde lo más hondo y con buen pie. Habría divorcios de inmediato o ligámenes de por vida. La *petite phrase*, como el algodón del anuncio, nunca engaña.

¿Conoce usted las *petites phrases* de su pareja? ¿Le ha preguntado por ellas? ¿Alguna vez se las han confesado mutuamente? ¿Se las ha susurrado al oído...?

Si estamos en la inopia en el conocimiento de las «pequeñas frases» de nuestro cónyuge y hemos decidido poner todos los argumentos posibles para garantizar la felicidad de la vida en pareja, bueno será que nos mostremos receptivos y tiremos del hilo de los sentimientos del otro, de sus íntimas *petites phrases* (aquí no violamos ninguna intimidad de las que en el anterior apartado hacía referencia). Y así nos hacemos partícipes y nos sentimos cómplices en su conocimiento, y quizás hasta nos apropiemos de algunas de ellas, si vemos que se ajustan a nuestra fibra sensible. ¡Qué magnífica complementariedad se puede conseguir con el intercambio de estas sutiles prendas, pequeñas vivencias personales!

Practicando en esta línea, día a día iremos enterándonos de la auténtica manera de ser, de qué pie cojea (en el sentido emocional), la persona que comparte nuestra vida. Conociendo sus sensibilidades —aunque a veces puedan parecernos sensiblerías— nos será más fácil adivinar sus gustos, caprichos y apetencias. Y, además, aprenderemos a adelantarnos en satisfacerlos, dándole mayúsculas sorpresas.

Ya sabemos que la vida, la de cada día, la hacen agradable las cosas pequeñas, los pequeños detalles, pequeñas frases y pequeños gustos, que sin embargo se transforman en magníficas ofrendas cuando surgen sincera y espontáneamente en la convivencia amorosa. Es, a fin de cuentas: lo extraordinario que tiene la vida ordinaria.

¿Qué día es su aniversario? ¿Cuánto hace que no salimos a cenar los dos solos...? No hace falta ser muy imaginativo para crear situaciones placenteras en el matrimonio. «¡Cariño, arréglate, que hoy nos vamos a bailar!»

CAPÍTULO III

¿Un compromiso para siempre?

> Lo que tiene mérito es mantenerse siempre con la misma.
>
> MIGUEL DE UNAMUNO

Dos extraños conviviendo

«Yo de usted no lo haría, forastero», era la seria advertencia que se hacían en las películas del *Far-West* antes de desenfundar. Había que pensárselo dos veces antes de pasar a la acción y medir al milímetro las posibilidades de éxito o de defunción. En el matrimonio, me consta, muchos se lanzan a tumba abierta, con el corazón tocado. Y hay que tener la cabeza muy fría porque este forastero/a que se ha cruzado en nuestro camino es el único pariente que elegimos libremente en esta vida: la pareja.

Tengamos en cuenta que la vida matrimonial, al fin y al cabo, no es más que una peculiar situación en que se encuentran dos personas extrañas —aunque el enamoramiento les haya hecho creer la falacia de que «se conocen perfectamente»— que deciden iniciar un proyecto común de convivencia y que, además, desean que sea de larga duración. Que yo sepa dos no se casan premeditadamente con fecha de caducidad incorporada: ni para media hora, ni para un mes, ni para dos años y medio...

Cada uno de estos extraños que se encuentran ya hemos dicho que aporta al sistema matrimonial unos determinados valores, unas costumbres, un estilo de vida, una manera de entender la afectividad y un modelo particular de lo que debe ser la convivencia matrimonial. Y todo esto puede coincidir o no con lo que aporta el otro miembro.

El proyecto matrimonial incluye, pues, las «expectativas» implícitas y explícitas, conscientes e inconscientes, que tiene cada miembro de la pareja con respecto a sus obligaciones y los beneficios que espera obtener del matrimonio. Así, cada esposo conoce parte de sus necesidades, pero ignora otras que irán apareciendo en el transcurso de la relación. Uno puede ser consciente de las expresadas por su cónyuge, pero desconoce las que no ha expuesto. A menudo, presupone que coinciden en determinados «conceptos» de lo que es la vida matrimonial, cuando en realidad no es así. Entonces, actuando como si existiera un acuerdo real, al observar este cónyuge el incumplimiento por parte del otro, se sentirá disgustado y traicionado, produciéndose inevitablemente un conflicto en la relación de pareja.

El asunto peliagudo que se cuece es que los miembros de la pareja no han negociado su convivencia matrimonial, pero, mire por dónde, cada uno actúa como si sus propias expectativas y necesidades fueran sobradamente conocidas y aceptadas por el otro. En el noviazgo, aparte de mandarse mutuamente lindezas románticas, los enamorados deberían negociar cosas más pedestres, como la manera de repartirse las tareas domésticas: cocinar, limpiar, ir a comprar y otras múltiples servidumbres domésticas que hay que compartir y negociar antes de meterse en el berenjenal de la convivencia. Lo de «contigo pan y cebolla», aparte de ser poco aconsejable desde el punto de vista gastronómico, en la práctica es poco viable.

Me he llevado el mayor chasco de mi vida. Creí conocerla bien durante el noviazgo, siempre tan coqueta, pulcra y bien vestida; pero, a la que nos casamos, cambió radicalmente o, quizá, se manifestó como realmente era en su intimidad. Sucia, desordenada con su ropa, que se amontona en el dormitorio, la cocina está hecha una pocilga, sale a todas horas de tiendas y a merendar con las amigas y la casa está hecha un desastre. Cuando llego del despacho me convierto en la señora de las faenas para poner un mínimo de orden. ¡Es una auténtica guarra! (Confesión de un marido chasqueado.)

Sentido actual del compromiso

Actualmente se concibe la relación de pareja como la alianza libre y voluntaria entre dos personas que mantienen un vínculo afectivo, que a menudo se formaliza mediante un contrato legal, y otras veces sin papeles por en medio.

Pero la vida matrimonial, la relación humana más compleja que existe, sólo puede ser aglutinada por un vínculo poderoso que esté por encima de los diversos ingredientes que constituyen el entramado de la relación conyugal: afectividad, sexo, reparto de tareas, economía, tiempo de ocio, etc. Y ese vínculo a que me refiero es el compromiso.

En líneas generales, el acto de casarse, de unirse para siempre con otra persona, conlleva siempre un importante grado de «compromiso», no sólo con el compañero, sino también con una nueva entidad: el matrimonio. Es el encuentro entre dos existencias que desean compartir amor, convivencia, experiencias, ayuda y felicidad. Es, pues, la relación humana más intensa y compleja que existe, por cuanto aúna, como ya he comentado, elementos explícitos e implícitos, conscientes e inconscientes, racionales y emocionales, condicionados por la diversidad de personalidades, culturas, expectativas, valores y necesidades.

Estará de acuerdo conmigo en que la relación de pareja no es un proceso estático, sino que tiene un dinamismo permanente, generado por la evolución de cada persona, los constantes cambios en el entorno social y las distintas etapas que se van sucediendo en el transcurso del propio ciclo vital de la pareja: enamoramiento, noviazgo, boda, llegada de los hijos, su adolescencia y posterior independencia, jubilación, vejez... Todas estas situaciones cronológicas introducen factores de desestabilización que pueden erosionar el compromiso amoroso si no se afrontan adecuadamente los acontecimientos y disminuye entonces la cohesión de la pareja.

Hasta hace relativamente poco tiempo —pongamos tres o cuatro décadas—, el hombre y la mujer centraban sus mutuos intereses en el matrimonio. Para la mujer, la maternidad y el cuidado del hogar eran su objetivo primordial y su manera de realizarse; mientras que el hombre buscaba compañía y apoyo afectivo, aportando por su parte la protección del hogar y el ingreso económico resultante de su actividad laboral. Éste era el cliché más generalizado. ¿Y qué queda de esta concepción de la vida en pareja? Bastante poco. Los profundos cambios que ha experimentado la sociedad han vuelto prácticamente obsoleto este planteamiento tradicional.

Repasemos por encima. Los sistemas de valores, la moral social, el reparto de papeles, el concepto del amor, la relación interpersonal, la realización de sí mismo, el encuentro sexual, la familia, la definición de lo masculino y lo femenino... Todo ha experimentado una revolución conceptual en profundidad. Asimismo, la significación del sistema matrimonial ha cambiado drásticamente: ya no lo integran dos personas estrechamente ligadas, con papeles bien definidos de cómo han de actuar en función de su sexo, sino dos individuos libres e independientes que mantienen en alto grado su propia personalidad.

> *Ella y yo queremos mantener nuestra propia personalidad y nuestra independencia. El compromiso de estar juntos durará mientras nos hagamos felices el uno al otro. El día que mi compañera o yo no nos sintamos a gusto estando juntos, romperemos, y en paz. ¡Cada uno por su lado y tan buenos amigos!* (Declaración conjunta de una pareja.)

No hay que olvidar que bastantes jóvenes de hoy afrontan el compromiso matrimonial como un riesgo de perder la propia individualidad. Así resulta que mantener una relación que «respete la independencia» de cada cónyuge es el ideal común de muchas parejas actuales. Que al fin y al cabo es un exponente de la filosofía contemporánea según la cual cada persona es un individuo independiente, que debe tener libertad y autonomía para funcionar como tal. O sea: que los esposos ya no se pertenecen mutuamente.

Pero, hoy, curiosamente, muchas parejas jóvenes parece que buscan un compromiso sentimental «a la antigua». El amor les es más importante que el sexo y se vuelven a plantear el matrimonio para toda la vida, aunque después, a veces, no resulte así. Se dan cuenta de que, ahora, el sexo es más fácil y el compromiso más difícil. La mujer, por ejemplo, no valora ya la promiscuidad, porque no le da muchas satisfacciones, prefiere estar enamorada y pensar en una idea de futuro.

Volviendo al asunto del compromiso. Para entenderlo en su plenitud, tenemos que considerar lo que ya le he avanzado anteriormente: la pareja es algo más que la suma de las partes, es una realidad distinta a cada uno de los miembros de la misma, que se rige por un conjunto de reglas, objetivos y funciones propias, y que se halla inmersa en un marco más amplio de interacción familiar y social.

Así, cuando dos personas establecen una relación seria, de forma gradual y continuada van convirtiéndose en un sistema dotado de entidad propia; creando unas nuevas normas, reglas, objetivos, e introduciendo funciones distintas, que generan responsabilidades y exigen una revisión de las expectativas y deseos que cada miembro tenía previamente. Hay que dar, pues, un importante salto cualitativo de la individualidad de cada cónyuge a la pertenencia del uno al otro. Y que nadie vea esto como una sumisión o una claudicación de sus respectivas personalidades.

A todo lo dicho hay que añadir la perspectiva con que se encara el compromiso matrimonial en la sociedad actual, que a menudo conduce a la creación de un tipo determinado de estructura familiar, lo que llamamos «familia precaria». Que ya nace tambaleante y que no es más que el resultado del pesimismo colectivo, fruto del temor ante las crecientes cifras de ruptura y de divorcio que presentan los matrimonios en las sociedades desarrolladas. Unas estadísticas tan descorazonadoras influyen en el ánimo de tal manera que esta probabilidad de ruptura mina las expectativas de las parejas matrimoniales y fomenta, como una profecía que se cumple a sí misma, la renuncia a intentar un proyecto para toda la vida.

¿Para qué voy a casarme? ¿Para que mi matrimonio se vaya al traste al cabo de unos años? ¡Ni hablar! Yo no

quiero que mis hijos sufran lo que yo he sufrido con la separación de mis padres. Prefiero liarme con alguien, sin ningún tipo de compromiso, y, si es posible, no tener hijos. (Confiesa una jovencita.)

¿Sociedad del bienestar?

Considero que empezamos con mal pie con esta desacertada denominación —es mi personal opinión— que llena la boca de muchos, especialmente políticos. Me suena a estado pasivo, a «estar», en vez del dinamismo que implica «ser», en sentido de actuar. Pero, según se ve, este ideal de «bienestar» impregna todos los órdenes de la vida y se convierte en una justa aspiración a la que todos queremos acceder.

Y la vida de pareja no se escapa de esta ventolera de estar bien. Los enamorados que quieren convivir matrimonialmente, por la Iglesia o por lo civil, con o sin papeles, pero con el implícito deseo de perdurar en su amor y en su condición de ser fieles el uno al otro, llevan en su equipaje personal —aunque ellos no lo crean— la mayoría de los tics de esta sociedad posmoderna, que aparenta estar de vuelta de todo y que ha impreso un giro total a la moral individual y a las expectativas de la relación matrimonial.

Por ejemplo, los valores que imperaban antaño —y que, obviamente, también confluían en la vida matrimonial—, como: el espíritu de sacrificio, el culto al deber, la exigencia de superación, la satisfacción por el trabajo bien hecho, el autocontrol, pueden sonar ahora a algo raro, extraño, a música celestial. Los nuevos valores que hoy prevalecen para muchos van en la línea de la exaltación de lo fácil, del enriquecimiento rápido (sólo en lo material, claro está), el culto al cuerpo (los jovencitos/as «yogurines», que llama Francisco Umbral), el relativismo a ultranza, el todo vale, el *laisser faire*, en suma: el elogio de la sopa boba.

Asistimos a una nueva era de bienestar consumista, sociedad bulímica que nos atiborra de cosas superfluas, que se dedica a alentar y desculpabilizar todo tipo de deseos y desplegar todos los instintos. La cultura de la felicidad ha generalizado la legitimidad de los placeres —los sexuales en primerísimo lugar— y ha contribuido a promover la fiebre de la autonomía individual. No se concibe soportar la más mínima infelicidad (la propia, obviamente; no la ajena, que nos deja indiferentes), ni el más mínimo sufrimiento: no sea caso que nos salgan arrugas en el cutis. Todos hemos escuchado en boca de familiares y amigos de personas que han roto su compromiso matrimonial: «Lo importante es que sea feliz.» ¿A que sí?

Dice mi maestro Manuel Cruz Hernández, catedrático de Pediatría de la Universidad de Barcelona, al referirse al dolor, que en la actualidad asistimos al fenómeno curioso de una «hipersensibilidad» al dolor propio y a una «insensibilidad» al dolor ajeno. Ponga usted aquí si quiere, en vez del término dolor, otras sensaciones como: malestar, incomodidad, desasosiego, infelicidad e incluso aburrimiento, y tendrá un retrato del estado en que tenemos la sensibilidad. ¡Bajo mínimos!

El umbral de tolerancia a la frustración lo tenemos bajísimo, de tal manera, que a la más mínima incomodidad se nos dispara el «reóstato» que tenemos ajustado supersensible. Nuestra sociedad de consumo nos ha adiestrado a la satisfacción inmediata de nuestras apetencias, a la gratificación sin demora... ¡y sin ningún sacrificio! (como aquella falacia del anuncio: «Aprenda idiomas sin esfuerzo»). Y de no resolverse la situación de inmediato, ¡exigiendo lo que me dé la gana!, hacen su aparición automática los mecanismos de defensa a que estamos ya acostumbrados: ansiedad, depresión, consumo de drogas...

Y la sociedad del bienestar a que me estoy refiriendo, entendida sólo para satisfacer el beneficio propio sin pensar en el de los demás, no lo dude, pasa indefectiblemente factura a la relación de pareja.

La integridad en los comportamientos amorosos ya no tiene que ver necesariamente con el compromiso a perpetuidad. La fidelidad es un valor apreciado, cierto, pero ya no es sinónimo de perdurabilidad. No tiene reconocimiento la fidelidad en sí misma, sino en cuanto a requisito de la autenticidad de la relación. Sí a la lealtad, mientras se mantenga viva la corriente afectiva. La ética relacional vigente exige espontaneidad en los afectos, sensibilidad al compañero, honestidad, amor sincero... pero no necesariamente para siempre.

La idea del matrimonio como destino para toda la vida ha sido sustituida por la idea del matrimonio como un proyecto en común. Se piensa que va a durar, se quiere que dure, pero se sabe que se puede acabar. Ya he dicho que en la mentalidad de los jóvenes que se casan está presente esa incertidumbre acerca del resultado de la vida matrimonial.

Así las cosas, el matrimonio sólo tiene sentido si aporta dicha y felicidad. Los cónyuges se reconocen ciertos deberes mutuamente y hacia sus hijos, pero no hasta el extremo de abdicar de su «realización personal» ni de hipotecar su propio proyecto vital. Se trata más de un compromiso emocional, de un impulso espontáneo, sentimental, que de un imperativo riguroso e inflexible que implica esfuerzo, resistencia y voluntad de mantenerlo.

> *Tengo un test para detectar precozmente si una pareja va a durar o no en su matrimonio. Cuando vienen a la parroquia para un curso prematrimonial, les pregunto: «¿Hasta cuándo pensáis que va a durar vuestro matrimonio?» Y si responden: «Mientras seamos felices», me aplico a fondo para hacerles ver que no están en el camino adecuado: la felicidad no es la única condición para mantener la unión matrimonial.* (Explica un párroco de una iglesia rural.)

Los cursos prematrimoniales en que se aplican la mayoría de confesiones religiosas siguen teniendo plena vigencia y quizás ahora más que nunca. Al respecto, el autor de *Triunfar como pareja*, Denis Sonet, es tajante: «No prepararse para el matrimonio es la mejor preparación para el divorcio.»

En este contexto individualista de la sociedad del bienestar, que exalta los valores del derecho a la libertad y estimula la independencia y la autoafirmación del ser humano sin excesivas obligaciones ni implicaciones con los demás, se desarrolla el aprendizaje afectivo de los jóvenes y el proyecto de vida matrimonial. Compromiso de fidelidad incluido.

Individualismo alienante

Siempre he creído, y así lo tengo dicho y escrito, que la cacareada crisis de la familia no es tal, sino que lo que hay es crisis de la pareja, y si me apuran, más que de la pareja: de la persona. Asustada, aislada, desorientada, prácticamente alienada en una de las grandes reivindicaciones de la modernidad: el individualismo.

Este fenómeno social que nos catapulta a sentirnos individuos diferenciados tiene su razón de ser, porque queremos sobrevivir y sobresalir de un entorno a menudo agobiante y asfixiante. Pero este individualismo tan exacerbado que preconizamos a ultranza, como repulsa a la masificación galopante que nos invade, puede volverse contra nosotros mismos cuando nos encontramos en situaciones de entrega al prójimo, como es el caso del matrimonio, en que depositamos nuestros avatares de salud y los vaivenes de nuestra economía, incluso nuestras vidas en manos de otros. Por algo se dice que enamorarse es, en síntesis, encontrarse a sí mismo en otra persona.

> *Me separo porque quiero realizarme. En el matrimonio no me encuentro a mí mismo y noto que mi personalidad enflaquece. Ya no soy el de antes, cuando era libre e independiente. Créame: me aburro soberanamente. Por eso me separo. Quiero realizarme ahora, antes de que sea tarde.* (Decisión de un marido que desea realizarse.)

Se dice que los matrimonios que viven en el compromiso de la fidelidad son un misterio para el mundo, porque no la definen desde la autonomía y la independencia, sino desde el amor y la dependencia. En esta tesitura, intentar preservar la propia libertad cuando se ama puede parecer penoso. Se puede ver como una actitud de mezquino egoísmo que empequeñece la grandeza del acto amoroso de entrega. Alguien podría advertir que tampoco los padres y las madres piensan en preservar su libertad cuando están con sus hijos. Ciertamente, no nos importa que los hijos nos roben tiempo e incluso nos hagan prescindir de ilusiones personales y de algún que otro proyecto. Nos sacrificamos por los hijos y no por ello nos sentimos menos libres. No sé de ningún padre que se haya encarado a su retoño diciéndole: «¡Oye, chaval, que me estás robando el tiempo y mi libertad!»

Querer preservar el individualismo, por parte de quien ama, es tener una libertad imponente: la libertad de no escoger. Es como aquel ejemplo metafórico de que hay personas que quieren tener la libertad del taxi, que lleva levantada la bandera de «libre», cuando precisamente está vacío y va circulando sin rumbo (con todo el respeto al amable gremio de taxistas, que estoy seguro desean de todo corazón que sus vehículos se sientan siempre «ocupados»).

Otro aspecto a considerar es que si no se ama del todo, no se ama a la persona, sino aspectos concretos de la persona. Se ama, por ejemplo, la juventud, la belleza del otro, pero no la persona como tal. El individualismo casa mal con el compromiso del amor.

Es conocido que el individualismo feroz, alienante, puede llegar a cotas insospechadas. El endiosamiento de uno mismo lleva consigo la negación del otro. El otro/a tiende a ser tratado como un «objeto», porque un dios —tal como el paganismo humanista es capaz de imaginarlo— no puede reconocer a otro sujeto frente a sí. Y esta mentalidad del «Yo, por encima de todo» impregna en la actualidad las relaciones humanas, hasta las más íntimas. A fuerza de alimentar nuestro ego, de tanto mirarnos el ombligo, vemos a los demás sólo en función de servidores, y cuando nos presentan a alguien, automáticamente pensamos: «A ver, ¿para qué me sirve?» La relación de pareja, pues, se entiende cada vez más en esa clave, en la que la otra persona «sirve» sólo para satisfacer los apetitos o las necesidades amatorias. Triste reduccionismo de la amplia dimensión humana.

Aprendices de afectos

Antes la gente suspiraba por casarse. Era un salvavidas al que todos querían agarrarse. Hace unas tres o cuatro décadas, la pareja contaba con un solo recurso para comunicarse afectivamente, disfrutar con plenitud de las relaciones sexuales y decidir sobre la propia vida: el matrimonio. Este vínculo confería un estatus con una serie de privilegios y derechos que no tenían los solteros. El matrimonio era una situación deseada, codiciada, por toda persona enamorada.

El casamiento se producía entre los jóvenes que contaban de veinte a veinticinco años, después de dos o tres años de noviazgo como mínimo, lo cual establecía un vínculo entre la afectividad y el compromiso matrimonial desde el principio de la relación sentimental. Actualmente, la edad media de las parejas que contraen matrimonio se acerca a los treinta años y a menudo los sobrepasa.

En nuestros días, el dilatado espacio de tiempo que debe pasar para que los jóvenes acaben sus estudios y puedan desarrollar una actividad profesional que les proporcione unos ingresos suficientes para iniciar una convivencia, abre un largo período en el cual se sucederán una serie de experiencias afectivas desprovistas de todo proyecto de futuro. Así, lo que antes era una fase de transición prematrimonial (enamoramiento, cortejo, noviazgo, promesa) que tenía una duración limitada (hasta la adquisición de la independencia económica, encontrar vivienda o permisión paterna), actualmente se ha convertido en una larga etapa, con entidad propia, caracterizada por la experimentación de una convivencia emocional y física que semeja la propia vida matrimonial... pero sin serlo.

Los jóvenes componentes de la pareja seguirán dependiendo económicamente de sus mayores y viviendo en la casa paterna, pero se moverán en una situación «casi matrimonial» que les permitirá compartir muchos aspectos de la vida cotidiana y disfrutar sin limitaciones de su relación afectiva y sexual. Y esta situación incide profundamente en el aprendizaje de la convivencia en pareja de los jóvenes, que así aprenden a establecer una desvinculación entre el enamoramiento y el compromiso matrimonial.

Estos jóvenes amantes siguen residiendo en sus respectivos hogares familiares, pero se las apañan para defender su independencia personal desmarcándose de la dinámica de sus propias familias. Constituyen una situación española que se está haciendo bastante frecuente, y en otras latitudes se les denomina *LAT (Living Apart Together)*, es decir, aquellos que son pareja viviendo cada uno de forma independiente. Algunos sociólogos opinan que los *LAT* representan el paradigma de la independencia y la individualidad: vivir independientemente teniendo a la vez una pareja estable, ser pareja manteniendo cada uno su privacidad y no renunciar a los dos valores centrales de la cultura actual: la libertad y el amor.

> *—Roberto, paso el viernes a recogerte con mi coche por tu casa y nos vamos este puente largo a esquiar. Puri nos deja el chalet de montaña de sus padres, ¿te apetece?*
> *—¡Y tanto, cariño, estoy deseando estar contigo! Me parece el mejor plan, ya que yo te iba a proponer que te instalaras en mi casa estos días, porque mis padres se largan fuera.* (Conversación habitual entre jóvenes parejas.)

Lo más probable es que cada miembro de la pareja estructure su afectividad en torno a un estilo de relación que le satisfaga personalmente, primordialmente hedonista, donde se hallan disociados sentimientos, compromiso y responsabilidad, y cada uno se acostumbrará a vivir una afectividad desprovista de las exigencias propias de un compromiso serio de convivencia. Además, probablemente, la sucesión de distintas relaciones afectivas les permitirá asumir la mutabilidad de los sentimientos como un fenómeno natural, integrando la ruptura y el cambio como hechos posibles y normales en la relación sentimental.

Es evidente que en el transcurso de estos años con este tipo de convivencia, cada uno de los jóvenes aprende un modelo afectivo que tiene mucho de lúdico y placentero, pero que no incorpora la práctica del esfuerzo para consolidar la relación. Con el paso del tiempo, de forma imperceptible, llegarán a la relación definitiva, que no será sustancialmente distinta de las demás, y pasarán sin apenas darse cuenta de la época de ensayo amoroso a la convivencia marital: sin haber añadido prácticamente la voluntad al compromiso matrimonial.

Fidelidad a prueba y sin compromiso

«Vivir juntos», sin matrimoniar de entrada, se ha convertido en una alternativa ampliamente aceptada, de tal modo que ahora más de la mitad de los primeros matrimonios son precedidos de cohabitación, cosa que prácticamente no ocurría, ni de lejos, a comienzos del siglo XX.

Hay defensores del amor libre sin ataduras de ningún tipo, como también los hay que preconizan la bonanza de matrimoniar. Todos tienen sus argumentos en pro y en contra, y cada uno es muy libre de escoger lo que crea que más le conviene.

Sin duda, el miedo a cometer un error en el matrimonio y acarrear con las desagradables consecuencias que eso conlleva, puede orientarle a uno/a a optar por juntarse con la pareja y en paz. Muchas parejas entienden esta situación como un «matrimonio a prueba».

> *Óigame, ¿cómo quiere que yo me entere de lo que hay dentro de este melón sin estrenar, que es mi chica, si antes no lo cato? ¿Pretende usted que yo me embarque en la aventura del matrimonio, sin saber antes con lo que cuento? ¡Anda, ya!* (Respuesta de un joven al que se le proponía formalizar su situación amorosa.)

Claro que uno puede contestar que tales soluciones, incluso cuando acaban en matrimonio, no deben ser consideradas experimentos. El razonamiento sería el siguiente: el matrimonio no es algo que uno se prueba para ver si le va bien, como un vestido *prêt-à-porter*, y después decide si se lo queda; es más bien algo por lo que uno se decide con un compromiso, y después pone todo su empeño en conservarlo.

Una cosa es casarse con el convencimiento de que es para siempre, en la fortuna y en la desgracia, con la confianza de que el otro cónyuge apuesta también todo. Y otra ir al matrimonio con la idea de «vamos a ver si esto funciona, y si no...». En ambos casos se puede tener buena o mala suerte. Pero en el primero, es justo reconocer que ante las inevitables dificultades se reaccionará poniendo en juego todos los recursos para salvar esa unión que se ha proyectado como indisoluble. También porque se espera que el otro pondrá a su vez todo lo que está de su parte. En el segundo caso, la mera expectativa de separación hace que cada parte pueda pensar que no vale la pena sacrificarse, ya que el otro tampoco lo hará. Por eso, se dice que el divorcio nunca se limita a sancionar lo que ya está roto, a extender el simple certificado de defunción de la relación, porque de alguna manera influye en las expectativas racionales de los interesados y por tanto en su comportamiento, que puede llevar a dejar romper lo que podía ser salvado.

Parece ser que el hecho de vivir juntos antes del matrimonio aumenta el riesgo de divorcio, por la presumible razón de que quienes eligen vivir juntos sin pasar por la vicaría ni por el juzgado son personas menos convencionales y menos dadas al compromiso, y, por lo tanto, más proclives a separarse.

Al igual que las parejas casadas, las «de hecho» comparten casa, cama, cuenta corriente (a veces) e incluso hijos; sin embargo, como es lógico para ellos, tienden a comprometerse mucho menos en sus relaciones y valoran mucho más su independencia. Y una vez que se ha aprendido este modelo de conducta de poco compromiso y gran autonomía, es más difícil cambiarlo.

Es de cajón que cuanto más tiempo pasan los jóvenes cohabitando, menos entusiasmo sienten hacia el matrimonio y los hijos. Se lo pasan bien como están y es lógico que no quieran asumir otras inciertas ataduras. Y si algún día llegan a casarse, lo harán más tarde. También se ha demostrado que las personas que han vivido antes con otras parejas son especialmente inconstantes, toleran menos la insatisfacción y probablemente dejarán que se rompa un matrimonio que, quizás, en otras condiciones se podría haber salvado. Así pues, ante el mismo nivel de insatisfacción, los que han cohabitado están más inclinados a aceptar el divorcio como solución.

Algunos observadores argumentan que la atmósfera de la sociedad actual está tan erotizada y con el sexo tan entronizado, que la verdadera alternativa para la gente joven, que tiene que esperar tanto tiempo entre el inicio de la pubertad y el casamiento, está únicamente entre una mayor promiscuidad o unos años de cohabitación antes de casarse. El matrimonio temprano pocas veces es una solución, pues corre más riesgo de romperse que el tardío.

Un sociólogo advierte, contundente, que la cohabitación no es ni inocua ni progresista; no conducirá a un matrimonio más satisfactorio y puede que ni siquiera acabe en matrimonio. Como apunta el viejo dicho: «Si consiguen la leche gratis, ¿por qué iban a comprar la vaca?» Sería de tontos, ¿no?

No le demos más vueltas al asunto porque el actual panorama amoroso está muy repartido y las elecciones son bien diversas. Tampoco, que nadie se ponga nostálgico del pasado. El reloj no se puede retrasar hasta los años cincuenta, época de plena bonanza matrimonial en la que casi todo el mundo se embarcaba —convencido o resignado, pero sin rechistar— en el matrimonio. Quizá, los que deben seguir dándole vueltas al asunto —aparte de los propios actores del evento amoroso— sean los gobernantes y responsables sociales, porque el crecimiento de las uniones de hecho está perjudicando seriamente la institución del matrimonio, con el agravante de que ninguna alternativa viable lo está reemplazando.

Vocación de continuidad o de cambio continuo

Las encuestas muestran que el 60 % de los europeos piensa que el matrimonio significa, por encima de todo, el compromiso de ser fiel a la pareja. Pero me surge una duda: ¿a qué fidelidad se están refiriendo? Porque están floreciendo «nuevas» formas de fidelidad en la vida en pareja, como, por ejemplo, la que empieza a ser bastante frecuente en nuestra sociedad: la monogamia sucesiva.

Es decir, sabemos que hay una situación de relación habitualmente estable: noviazgo, matrimonio, vida en pareja. Sin embargo, lo que comienza a ser menos habitual es el caso de la única relación de noviazgo, y luego de matrimonio que dura toda la vida. Y lo que comienza a ser habitual es la sucesión de esas situaciones.

Alguien podrá decirme que la fidelidad se da mientras dura la relación por las dos partes. No obstante, cuando se rompe o se termina, hay un momento en el que se plantea iniciar una relación siguiente. Ahí es donde pueden darse situaciones de solapamiento en las que, al menos una de las partes, resulta infiel. Aunque, ¿infiel a quién? Ante esta secuencia, es comprensible que la nueva pareja signifique la infidelidad a la anterior, a la que se extingue, pero ¿no indica más bien la constitución de una nueva fidelidad?

Otra cosa, bien distinta, es la infidelidad sistemática por la que una de las partes, por lo menos, continúa con la vida en pareja y mantiene, al mismo tiempo, relaciones promiscuas con otra persona. Está claro que en este caso no se trata de una infidelidad para recomponer otra pareja. Dicho de otra forma, no es una infidelidad porque se ama a otra persona y, por lo tanto, no es una «nueva» fidelidad sustitutiva. Aquí sí que no hay ningún respeto por el otro miembro de la pareja estable ni por el compromiso —implícito o explícito— que se había adquirido.

No pocos aceptan las aventuras extramaritales como un elemento intrínseco de las relaciones humanas. Así, por ejemplo, hay quienes invocan la excusa de la infidelidad para «compensarse» de las intensas y pesadas obligaciones que implican ciertas uniones matrimoniales. Están en la línea del poeta Carles Fages de Climent que en su época, en la primera mitad del siglo XX, se refería irónicamente al «soporte» de las amantes o queridas, diciendo en rima catalana: «*El matrimoni és una creu, i la querida el Cirineu*» (El matrimonio es una cruz, y la querida el Cirineo).

Algunos antropólogos opinan que entre las motivaciones fundamentales de la infidelidad, atribuyéndole bases genéticas y raíces evolutivas, está la necesidad periódica del hombre y la mujer de buscar la novedad y la variedad en las relaciones de pareja. También argumentan con la necesidad biológica del varón (intentando así, de paso, «justificar» las infidelidades del hombre) de inseminar a múltiples hembras para asegurar la procreación y la continuidad de la especie humana.

Y a ser posible todas estas sucesivas roturas del compromiso en la relación de pareja se ventilan en los medios de comunicación, especialmente si uno/a es famosillo. Me refiero, claro está, a un determinado tipo de prensa: la amarilla, la sensacionalista, la «del corazón y la vagina» en términos de Francisco Umbral, la que vive del «morbo» y de los trapos sucios de la privacidad.

Se están violando impune y sistemáticamente las fronteras de los sentimientos más profundos de la relación amorosa. La socióloga británica Annette Lawson comenta al respecto:

> *Ya no es aceptable que los hombres sientan como suyo el cuerpo de su esposa, de modo que la mercancía que se intercambia en una aventura ya no es el sexo, sino la intimidad. Hoy, la traición más honda no es de la carne sino del corazón.*

En la aldea universal en que estamos ya no hay reductos para la intimidad de las parejas. Los *voyeurs* están bien servidos.

Permítame que le transcriba unos párrafos de una columna periodística de la aguda pluma de Jaime Campmany, que titula «Los famosos» y no tiene desperdicio:

> *Pululan por el* couché *y las televisiones una ristra de famosos y famosas que se juntan, se separan, se vuelven a juntar; ellos fecundan, ellas se empreñan, abortan o paren, se ponen los cuernos, y por todo eso adquieren monedas y fama. Vivimos una época de gilipollez colectiva en que otorgamos la fama mayor a las brincacamas y a los pichis. Leo en las revistas una larga lista de esos famosos y me pregunto qué saben hacer esos tíos y esas tías. Tal vez lo único que saben es fornicar, pero luego, por las indiscreciones pagadas y cobradas, resulta que a veces, tampoco ni eso. En ese mundo lo que se paga son los cuernos, la rufianería, el enguilamiento y el gatillazo.*

Pero sigue habiendo voces que apuestan por la vocación de continuidad de la relación de pareja. Insisten, persistentes, en que el compromiso afectivo tiene vocación de perpetuidad. Que no se puede querer a una persona durante unos instantes y, a continuación, desentenderse de ella. El amor humano exige el «para siempre».

En una encuesta de la multinacional Durex (ya saben, la de los preservativos), los españoles figuramos entre los más fieles dentro del matrimonio, sobre todo las mujeres. Porque la infidelidad, en la práctica, continúa siendo patrimonio del hombre. Con todo, resulta tranquilizadora la respuesta que da el 90 % de los españoles que viven en pareja: «Están satisfechos de su relación y ésta durará para siempre.»

Cuando se rompe esa relación, el compromiso de la

pareja deja de ser un sentido para la existencia personal. Ya que este compromiso no es otra cosa que la anticipación de lo que ambas personas esperan y desean que les suceda en el futuro: el proyecto que ha entretejido sus vidas personales y la convivencia de cada día. Sus respectivas biografías tienen incondicionalmente por circunstancia al otro, la vida del otro. Naturalmente, cada uno de ellos se ha enriquecido con los valores del otro, con esta constelación de aspectos culturales, humanos y religiosos o espirituales que, sin ser conscientes de ellos, aportan a esa relación. El resultado es que las vidas personales de ambos quedan enriquecidas.

Así pues, la fidelidad de la pareja constituye un importante proyecto de vida. Por eso no extraña que, como canta José Luis Perales, cuando uno de los esposos abandona al otro y sus compromisos, el otro deviene en:

un proyecto inacabado
un camino equivocado
una noche sin estrellas
una hoguera que se apoya
en el silencio de la nada.

¿Pedimos ayuda?

«Hemos llegado a la conclusión de que aún nos amamos», «Ya veremos qué pasa más adelante», «Nos damos otra oportunidad»... son expresiones que oigo con frecuencia en la consulta. Son parejas que han decidido dar un frenazo a su vendaval de discusiones y combates a muerte.

Es como si quisieran rectificar el patinazo del coche y el trompazo que les viene encima. Cambian de marcha, controlan su propio enojo y reducen la tensión ambiental, abandonan la autopista de los malentendidos y feroces enfrentamientos, para entrar en una carretera comarcal más sosegada —en la que antaño parábamos a la mitad de un viaje en un simpático merendero, sin prisas, para tomar un tentempié—, vías sin tanto tránsito (de amistades, parientes y profesionales), donde poder dialogar ambos con tranquilidad.

Curiosamente, en bastantes casos, es uno solo de los cónyuges quien toma la iniciativa de intentar el cambio y luego el otro se anima a participar. Puede ser el piloto o el copiloto del coche, el/la que tenga la suficiente intuición para ver la necesidad urgente de enderezar la marcha del vehículo matrimonial. En mi experiencia, ésta es la situación más habitual, ya que ambos integrantes de la pareja raramente colaboran al mismo tiempo, y siempre hay uno/a que está más capacitado para tomar la iniciativa; bien porque tenga un talante más optimista, una mayor disposición para mejorar la relación o simplemente sufra más y eso le motive más que al otro.

Además, hay que tener en cuenta que uno está siempre mejor preparado que el otro para iniciar los cambios. Y si el cónyuge preparado tuviera que esperar a que el otro también lo estuviera... el momento oportuno podría no llegar nunca.

Sea por las razones que fuese, la decisión de una pareja de perseverar en su compromiso de seguir juntos tiene gran importancia por «la propia decisión», al margen de beneficios personales, familiares y sociales que de ella se desprendan. Esta determinación de la pareja implica el remodelar o sentar nuevas bases en la convivencia, evitar incurrir en errores del pasado y revitalizar la relación amorosa que estaba languideciendo o agonizando.

Tanto mi colega el doctor Víctor Llerena, experto terapeuta familiar, eficaz colaborador desde hace años en el despacho, como yo, nos alegramos vivamente y nos cargamos de energía positiva cuando nos vienen estas parejas que piden sincera ayuda para salir del atolladero.

CAPÍTULO IV

El sutil deterioro de la relación

> La mujer se casa creyendo que el hombre cambiará. El hombre se casa creyendo que la mujer no cambiará. Y ambos se equivocan.
>
> Dicho popular

Egocentrismo, inmadurez y otras desviaciones

Algo empieza a ir mal. Descubrimos un día, de golpe, que aquel ser, prácticamente angélico, dechado de virtudes, galante y dadivoso, con el que nos juntamos locamente enamorados para iniciar la vida en común... no era todo lo maravilloso que aparentaba.

¿Qué ha pasado? La mayoría de las veces es que uno de los cónyuges se apoltrona en el mullido y confortable nido matrimonial. Es como el que gana unas oposiciones a un cargo administrativo o académico «de por vida» y decide que ya se ha esforzado bastante: a partir de ahora lo que toca es descansar. ¡Que curren los demás! Y, además, para complicar las cosas, le da por destapar el baúl de los recuerdos para dar rienda suelta a sus frustraciones y aspiraciones infantiles.

No digo nada nuevo, pero es bien sabido que determinadas personas acceden a la vida marital sin contar con suficiente bagaje de maduración. A esto cabe añadir el agravante de que si el otro cónyuge es algo más maduro, a menudo se cree capaz de «cambiar» la manera de ser de su pareja durante la convivencia actuando como un moderno Pigmalión; o bien espera que el otro «cambie por sí solo», como por una especie de ósmosis, en el trato diario de la relación. ¡Craso error en ambas previsiones!, ya que la experiencia diaria me confirma que, salvo raras excepciones, el esperado cambio no se produce espontáneamente con el paso del tiempo, sino que, al contrario, se agudizan los aspectos inmaduros que aportan al matrimonio los cónyuges.

Cierto que nadie escapa por completo a su condición infantil y siempre queda cierta añoranza de aquella época dorada (ya se sabe que «el adulto es un superviviente de su infancia»). Por tal motivo es frecuente que algunas personas aporten ciertos aspectos de su niñez a la vida en pareja, como pueden ser aspiraciones personales que no se completaron durante la infancia y adolescencia pero que esperan realizar en su vida matrimonial.

Obviamente, cuando la referencia al mundo infantil se convierte en la regla inconsciente que orienta la vida de una pareja, ésta se encierra en una situación anómala (que en psiquiatría llamamos «neurosis familiar») en que las relaciones entre esposos no son más que una repetición de las relaciones vividas en la infancia. De esta forma, la neurosis familiar crea un verdadero microclima que preserva un mundo aniñado. Y este infantilismo es una fuente habitual de conflictos conyugales, ya que el hecho de que la mujer confunda —inconscientemente, claro está— a su marido con su padre, o el hombre asocie a su esposa con su madre, es una actitud francamente regresiva (regresión a la infancia) que impide a la pareja madurar en autonomía, distanciándose de la historia de cada uno de sus miembros y de la familia de origen.

Tampoco hemos de olvidar que hay madres hiperposesivas que se resisten a cortar el cordón umbilical con sus hijos y quieren seguir figurando con prepotencia en el hogar matrimonial del vástago. En algún sitio he leído que, en Italia, nada menos que tres de cada diez divorcios son motivados por la intromisión de la madre del marido. Parece ser que cuando las suegras y las nueras andan a la greña, en nueve de cada diez casos el marido acaba prefiriendo la madre a la esposa. «Me quedo con mamá», deciden compungidos. En determinadas latitudes la «mamitis» tiene, pues, predicamento.

Por otro lado, las actitudes egocéntricas, que implican exaltación de la propia persona como único centro de atención, se desarrollan normalmente en épocas tempranas de la vida para que los niños puedan lograr independencia y alcanzar sus metas sin tomar en consideración la ayuda de los demás. Cuando se accede a la relación de pareja, el joven adulto debe desprenderse de abundantes actitudes egocéntricas, ya que si persiste en seguir practicando una autonomía sin límites engendrará en el otro miembro sentimientos de agravio y resentimiento.

Asimismo, los conflictos matrimoniales fomentan y exageran las perspectivas egocéntricas. Al sentirse un cónyuge amenazado, se encapsula en una perspectiva cerrada a modo de reacción defensiva y sólo ve las cualidades negativas en el otro.

Se han considerado las enfermedades psíquicas y, entre ellas, los trastornos de personalidad, como condicionantes de la viabilidad de la relación de pareja. Estoy plenamente de acuerdo en que las alteraciones psicológicas pueden alterar seriamente una relación afectiva, pero ni los trastornos psicológicos de cierta entidad arruinarán necesariamente una relación de pareja, ni una personalidad bien estructurada es garantía de una venturosa vida matrimonial. De hecho, todos conocemos parejas compuestas por personas que individualmente son equilibradas y de trato afectuoso, pero que tienen una relación conflictiva y turbulenta. Y, por el contrario, hay parejas alegres y encantadoras cuyos integrantes no reúnen individualmente estas condiciones.

Al margen de estas cuestiones que oscilan entre inmadurez, egocentrismo y otras desviaciones de la normalidad, el matrimonio y sus componentes, no obstante, han de crear sus propias fronteras para satisfacer y preservar sus necesidades psicológicas, evitando así el intrusismo de los demás, sean amigos o parientes. Los límites fronterizos que establezcan, si están bien trazados, determinarán en el futuro la viabilidad de la estructura familiar. Pero tampoco hay que exagerar y cerrar las fronteras a cal y canto, porque si las reglas son demasiado rígidas impedirán a la pareja asimilar las experiencias externas de cada uno de los cónyuges (profesionales, de relación social, etc.), que también son fuentes de energía que vitalizan el proyecto matrimonial.

Reparto del trabajo en equipo

Al principio los miembros de la pareja se atraen mutuamente por cualidades singulares como el aspecto, la personalidad, el encanto, el humor, la simpatía..., no por su capacidad de funcionar en equipo. Ambos desconocen esta capacidad, aunque «suponen» que sabrán funcionar bien en equipo en la vida matrimonial (¿recuerdan en la mili?, al soldado «el valor se le supone»).

Sin duda las cualidades personales habrán servido para que se encuentren las dos medias naranjas y pueda cimentarse un sólido vínculo afectivo, pero poco tienen que ver las «virtudes» personales con el modo en que una pareja toma decisiones y cuida de los detalles esenciales de la vida de casados.

Las parejas inician el matrimonio con muchos proyectos preconcebidos sobre asuntos tanto prácticos como sentimentales, cuyas expectativas han sido trazadas durante el noviazgo de una forma un tanto idealizada. ¿Cómo no va a ser así, adormecidos en brazos de Cupido, embriagados de amor y deseosos de felicidad perpetua? Todo está muy bien; pero, como resultado de lo que llamo «planificación romántica sin planificación real», luego se pueden pegar un trastazo.

Es muy raro que una pareja de recién enamorados se detenga a tratar a fondo asuntos prácticos de labor en equipo hasta que éstos se convierten en problemas frustrantes y comienzan las desavenencias.

> *Nunca nos habíamos planteado cosas tan elementales como la manera de repartirnos las tareas domésticas: ¿quién fregará los cacharros después de las comidas?, ¿quién hará las camas o irá al súper a comprar? Y ahora vemos su importancia. Porque como no te aclares con tu pareja, los cacharros sucios se amontonan en la cocina, las camas se quedan sin hacer y la despensa está vacía.* (Comentario de recién casados.)

Toda pareja se enfrenta en la vida en común con la necesidad de tomar grandes y pequeñas decisiones: reparto de las labores caseras, asuntos de presupuesto, actividades sociales y recreativas, dónde vivir, si tener hijos, cómo criarlos y educarlos, a qué escuela llevarlos, etc.; descubren, con sorpresa, que hay una infinidad de exigencias que requieren soluciones conjuntas, pero tienen poca —o ninguna— experiencia para resolver problemas en común.

Obviamente los esposos aportan al matrimonio sus propias ideas, que habitualmente se originan en las experiencias familiares de cada uno de ellos, y querrán reproducirlas o evitarlas, según cómo les haya ido en su infancia y juventud. Sin embargo, en la actualidad de poco sirven los clichés de antaño, cuando había unos papeles estables en el reparto de las tareas domésticas, que en la mayoría de los matrimonios se dicotomizaba rápidamente en dos parcelas bien delimitadas: el hombre al trabajo, fuera de casa, y la mujer a sus labores, dentro de casa.

Las cosas han cambiado drásticamente, pero sigue presente en muchos casos la hegemonía doméstica de las esposas, aunque sea de una manera sutil y sin estridencias. Lo cual ha dado lugar a divertidos comentarios, como aquel que cuenta Tony Leblanc: «En casa mando yo, pero se hace lo que dice mi mujer», y a innumerables chistes:

> *—Cuando me casé, lo quise dejar bien claro a mi mujer y le dije contundente: tú mandas en la cocina y yo en el resto de la casa —explica un marido al grupo de amigos.*
>
> *—¿Y qué tal te ha ido? —le pregunta un amigo.*
>
> *—Pues... hacemos vida en la cocina —responde resignado el marido.* (Chiste.)

Una cuestión que a veces chirría en el reparto de funciones de la pareja es la referente al aporte económico. Ya se sabe que con el dinero hay que andarse con mucho tiento y cada uno/a lo entiende a su manera. Hay, pues, matrimonios en que el marido oculta una parte de lo que gana y le pasa a su esposa una cantidad fija para los gastos de la casa («Y con esto hay que llegar a final de mes, ¿entendido, querida?»). Por el contrario, hay maridos más desprendidos que entregan a sus esposas la totalidad de lo que ganan, con tal de que ellas les den el dinero de bolsillo que necesitan para sus gastos personales. También hay esposas que no ponen en común lo que ellas ganan, sino que lo administran personalmente. Hay misteriosos esposos que distraen del sueldo una pequeña partida para actividades «extra», como algunas inversiones que nadie conoce. Hay mujeres que ganan más que sus respectivos maridos, a los que, además, mantienen. Hay esposas que, como tienen maridos muy tacaños, manipulan a su antojo las cuentas del mercado («hacen la sisa») y consiguen así hacer algún que otro regalito a los hijos.

La pluralidad de modelos de convivencia en pareja del actual montaje social hace que los papeles tradicionales de los cónyuges se hayan vuelto confusos. Surge por su propio peso el principio de la equiparación, con el reparto equitativo de las funciones en la pareja. Pero es en este reparto de funciones o normas para regular la convivencia cuando pueden empezar las fricciones o incluso los enfrentamientos radicales.

Adultos que no quieren crecer: Peter Pan y Wendy

«Yo, Peter Pan; tú, Wendy», podrían decirse a título de presentación estos miembros de la pareja que se resisten a madurar, parafraseando así un hipotético encuentro de Tarzán y Jane.

Con frecuencia, la expresión «¡Son como niños!» es referida casi siempre a los hombres y puesta en boca, habitualmente, de mujeres. La razón está en que el género masculino ha capitalizado hasta hoy el concepto de inmadurez, eso sí: siempre que se aplicaba ese calificativo a algún adulto debía ser tan evidente que no pudiese esconderse por más tiempo, porque si no se tapaba como fuera; mientras que en la mujer importaba muy poco que fuera madura o inmadura, daba igual lo que fuese, simplemente: no contaba en el baremo madurativo de la pareja. Ahora, sabemos que también hay mujeres inmaduras.

A través de las aventuras de Peter Pan y de su fiel compañera Wendy, que como usted sabe se escaparon de casa en busca del País de Nunca Jamás, el novelista escocés sir James Matthew Barrie creó el mito de la infancia perenne, del niño que no quiere crecer, que no quiere llegar a ser un hombre adulto. El autor neoyorquino Dan Kiley, que ha estudiado a fondo este problema, ha publicado un libro titulado *The Peter Pan Syndrome (El síndrome de Peter Pan)* en el cual retrata el perfil psicológico de estos curiosos personajes. Son individuos incapaces de reconocer que tienen problemas y únicamente les preocupa la forma inmediata de satisfacer sus deseos. No establecen una íntima relación de pareja y, cuando lo hacen, la convivencia está continuamente amenazada por sus constantes e infantiles caprichos. No resulta infrecuente que estos personajes, cuando son varones, se autocalifiquen de «especialmente sensibles y románticos» y adornen su desvalimiento con cierto encanto, que despierta en muchas mujeres instintos maternales en los que se refugian.

Cuando se trata de mujeres «que no quieren crecer» aconsejo denominarlo «síndrome de Wendy». Esta inmadurez femenina se caracteriza, fundamentalmente, porque hay una enorme dependencia hacia el otro o hacia los demás. Ella necesita constantemente un apoyo fuerte de otros o cae en una dependencia en el terreno social, en el sentido de que para ella es muy importante la opinión de los otros. Tiene, asimismo, una dificultad importante para controlar los sentimientos, las emociones: rompe a llorar muy fácilmente o se muestra en exceso irritable. Y, además, le cuesta adaptarse a la realidad. De tal manera que el retrato robot de una mujer inmadura reúne estos tres rasgos: no sabe estar sola, no controla sus emociones y le cuesta relacionarse con los demás.

Así pues, esta personalidad dependiente, en ambos sexos, cede a los demás su propia responsabilidad y decisiones, se somete a los deseos del otro por sentimientos propios de poca autoestima e inseguridad, con el objetivo fundamental de evitar el abandono y sentirse acompañado/a.

> *Más de una vez he pensado en separarme, porque ya no me siento enamorado de mi mujer. Pero, al momento, me echo para atrás. ¡Me veo impotente de vivir sin ella! Me he acostumbrado de tal manera a que ella cubra mis necesidades más elementales, como, por ejemplo, ir a la compra diaria, cocinar lo que me gusta, decidir qué ropa tengo que ponerme, con qué amigos salir y cuándo salir con ellos, adónde iremos de vacaciones... Ella, en casi todo, decide por mí. Pienso que si un día llegara a separarme me moriría de hambre, porque no sé hacerme ni un huevo frito, e iría siempre con la misma ropa puesta, porque no sabría encontrar dónde están las mudas en los armarios... Es la triste realidad: dependo totalmente de ella.* (Confesión de marido dependiente de la esposa.)

En este apartado, pues, se podría añadir a las parejas en las cuales un cónyuge teme la posibilidad de separación y más aún a la precaria situación en que quedaría después de separarse. Estos temerosos sentimientos resultan ser más fuertes que el reconocimiento de que la situación de pareja es insatisfactoria y que las cosas no funcionan como antes o, incluso, que la relación es insostenible. Pero puede más el sentimiento de dependencia. Hay que dejar las cosas como están, aunque estén mal. Y si hace falta se niega rotundamente a quien sea el estado de deterioro de la relación. ¡Aquí no pasa nada, señores!

La incómoda incomunicación

No pretendo ser original al decir que la causa más importante de fracasos en la relación de pareja es la falta de comunicación. Lo han dicho muchos autores antes que yo; pero, aquí, al menos contribuyo en ratificar esta opinión, porque estoy plenamente convencido de la misma. La constato diariamente en la consulta.

Comunicarse entre los cónyuges, hablando cara a cara, sin tapujos, es fundamental para que cada uno de ellos tome el pulso del estado de su relación... y a la larga evitarse malentendidos. Por ejemplo, las diferencias entre las percepciones del marido y de la esposa respecto a la marcha de su matrimonio pueden aumentar con el tiempo, en especial si raramente se comunican sus sentimientos. Así, cada uno de ellos puede considerar que es el único que se sacrifica y hace concesiones, sintiéndose insatisfecho al considerar que su pareja no se da cuenta de todo lo que está haciendo para que el matrimonio funcione.

Es, pues, característico de un matrimonio desavenido e incomunicado que cada cónyuge crea que ha hecho el mayor esfuerzo de adaptación, o que ambos consideren que han dado más de lo que han recibido para satisfacer las necesidades de su pareja.

En las situaciones de aparente normalidad en la vida de pareja, pero sin que florezca la comunicación entre ellos, la decisión de uno de los miembros de poner fin a la relación puede representar una desagradable sorpresa para el otro, que no creía que existieran problemas en su matrimonio.

Después de estar esos años trabajando como una mula para sacar la casa adelante, ahorrando para que ella pudiera tener sus caprichos, que si vestidos, viajes... Ahora, viene y me dice de sopetón que nos separamos: que no es feliz conmigo. Me hace las maletas y me pone de patitas en la calle. No entiendo nada. (Protesta de marido chasqueado.)

Me sorprende comprobar, en las entrevistas médicas por separado con cada uno de los cónyuges, lo diferentes que pueden ser sus puntos de vista: lo que es tolerable o incluso satisfactorio para uno, puede ser cada vez más insoportable para el otro; o bien, uno de los cónyuges cree que el otro debería conocer lo que él/ella desea «sin que se lo pida» (esta expectativa de que el cónyuge deba ser adivino suelo verla con frecuencia en matrimonios desavenidos).

Algunos tipos de maridos y esposas

Siguiendo con el tema de la comunicación, voy a mostrarle unas tipologías de cónyuges que están inmersos en el mundo matrimonial insonoro e incomunicado, y no precisamente porque sean sordomudos...

Un perfil bastante habitual es «el marido seco, que no habla». Se trata de un personaje que pasa muchas horas fuera de casa, aparentemente sobrecargado de trabajo, y que, cuando llega al hogar, opta por callarse. No suele acudir a las consultas médicas acompañando a la esposa o a los hijos (siempre encuentra excusas de trabajo para no acudir) y, si alguna vez acude, lo hace malhumorado y como «convidado de piedra», sin abrir boca. Tampoco se interesa por seguir las conversaciones en las reuniones con otras parejas y evita en lo posible las fiestas sociales.

Unos cuantos que responden a este perfil de marido seco, también pueden encuadrarse en la tipología de «donjuanes del rendimiento y del éxito». Estos caballeros, con su actitud unilateral y egoísta —o francamente narcisista—, desdeñan también todo lo que suene a vida familiar. Creen que es una pérdida de tiempo participar de la convivencia matrimonial, por lo que prefieren alargar el horario laboral repasando papeles, adelantando trabajo o, simplemente, charlando con los amigos (en este caso son habladores, pero fuera de casa). Apunto aquí que también algunas mujeres, en su calidad de esposas que han accedido al mundo laboral, pueden asumir estas características negativas que describo en los maridos; aunque tengo que admitir que es una situación más inusual, quizá porque la mujer sabe diferenciar y delimitar mejor sus funciones en la vida, tanto cuando hace de esposa, como de madre o de profesional en el trabajo.

Por otro lado, también existe un tipo de mujer practicante de la incomunicación —aunque a menudo de manera involuntaria, pobrecita— en lo que denomino «síndrome del ama de casa en bloque de viviendas». Se trata del paradójico aislamiento de la esposa en medio de la multitud de vecinos. Agotada por el limitado espacio habitable y la monotonía arquitectónica y social que la rodea, sin que nadie valore su exclusiva dedicación doméstica, cae en un estado de agotamiento psíquico y somático que se traduce en un cuadro depresivo y de habituales dolores de cabeza o espalda, que, de alguna manera, le permiten justificar o disculpar la aparente falta de dedicación o comunicación con el marido.

Al margen de estos casos extremos, paradigmas de la incomunicación matrimonial, hay un amplio abanico de situaciones incomunicantes de menor intensidad, pero todas ellas potencialmente peligrosas a corto o largo plazo, que pueden convertir a los cónyuges en «extraños» que conviven bajo el mismo techo.

La aventura adúltera

¿Por qué se da el salto a la pareja? Unos dicen «por amor», otros «por placer», pero la mayoría no sabe por qué.

Hay personas, no obstante, que consideran que tienen autojustificaciones. Por ejemplo, los hay que buscan relaciones sexuales fuera de la pareja porque intuyen que puede ser una forma indirecta de mejorar la relación propia, al compensar algunas de sus limitaciones o satisfacer ciertas necesidades que no pueden gratificar en el hogar. Otros/as usan sus escapadas como una excusa, más o menos consciente, para romper con la pareja, para experimentar mayor autonomía o para llamar la atención del cónyuge y forzar el planteamiento de una situación conflictiva. Los hay que persiguen «el amor perfecto», o el sentimiento de ser especial para otra persona, de ser deseado, de sentirse más atractivo, más masculino o más femenina, o más comprendido. Buscan mejor comunicación, más intimidad, o simplemente más placer sexual.

Al respecto me viene a la memoria una columna periodística titulada «Flirtear con otras religiones», de Agustí Altisent, monje de Poblet, aconsejando, con gran sentido común, a un joven que había vuelto deslumbrado y fascinado por las religiones orientales que había visto en un largo viaje por China e India, y al cual sugería que para tomar un decisión seria de entrega espiritual en el futuro tenía que comprometerse a fondo con alguna de ellas y practicarla durante un cierto tiempo, cumpliendo con las obligaciones agradables y las desagradables que aquella religión comportaba:

> *Su actitud, le dije, era parecida a la del hombre casado que contemplando a una mujer interesante pero desconocida pensara que con ella sería más feliz que con la suya, cuando es sabido que lo cotidiano, por sublime que sea, se nos desgasta y devalúa y que, por lo tanto, nada podía decidir sobre aquella persona si sólo la miraba, ya que además es solamente a la somera felicidad cotidiana a la que podemos aspirar. Recordé también a este joven lo que dicen los ingleses: el césped parece más verde y mejor si se mira a través de la verja de un jardín ajeno.*

Con todo, no hay que descartar a quienes, casi por naturaleza, constantemente anhelan la aventura, el drama, el peligro, las emociones fuertes o el suspense. A éstos/as, los difíciles equilibrios, astucias y estratagemas que tienen que desarrollar en las situaciones adúlteras, para no ser descubiertos por propios ni extraños, les vienen como anillo al dedo. Son los auténticos profesionales del adulterio.

Nos quedan unos pocos que persiguen la revancha, otros buscan la resolución de un problema sexual, mientras que otros, angustiados por su natural proceso de envejecimiento, ansían «la última oportunidad» y quieren probarse a sí mismos... demostrándose así que todavía son jóvenes, ¡que aún están para esos trotes!

Ante esa cantidad de aparentes justificaciones de la infidelidad, no hay que olvidar el denominador común actual de todas ellas: la relajación de las costumbres sociales y la mayor laxitud moral de las personas. Es decir, tolerancia y relativismo elevados al máximo. Lo que de manera poco piadosa se intenta expresar en el dicho popular: «Si en el sexto no hay perdón y en el noveno no hay rebaja, ya puede el Señor ir llenando el paraíso de paja.»

Los avances tecnológicos de que tanto nos preciamos han facilitado el adulterio de diversas maneras, pero también lo han complicado. Así, por ejemplo, un marido o una esposa que no responde en su móvil cuando lo llama su cónyuge, despierta la sospecha de que no está en el lugar debido. También sin ir más lejos los «pinchazos» o «interferencias» que acontecen con frecuencia en los portátiles (de un teléfono fijo) de los habitantes de un mismo edificio o conectados a la misma red telefónica, informan a oídos extraños de comprometedoras conversaciones adúlteras, y el chantaje puede rondarle a más de uno por la cabeza. La lista de números llamados —que tan detalladamente nos ofrecen ahora las compañías telefónicas al facturarnos los pagos— ha sido la perdición de más de un adúltero/a.

No me resisto a contarle un chiste clásico de estas situaciones de adulterio con teléfono por medio. Está una pareja muy acaramelada en la cama y suena el teléfono. Se pone la mujer al aparato, habla y al colgar le pregunta el compañero de lecho:

—¿Quién era, querida?
—Era mi marido...
—¿Y qué quería?

—Decía que hoy llegaría más tarde a casa, porque estaba cenando contigo.

Pero la pasión y los celos humanos se han visto poco afectados por los avances en microchips, y al cónyuge infiel se le sigue pillando de la misma forma de siempre: por medio de detectives privados, por las facturas de un hotel, por notas olvidadas en un bolsillo, por una fotografía indiscreta o por la clásica equivocación de confiar en una persona amiga.

Tengamos en cuenta que, con frecuencia, el adulterio no se centra en lo estrictamente sexual: las aventuras se desarrollan más por teléfono que en la cama. Las aventuras de cuernos no son tan intensamente sexuales como uno se piensa y contempla en las películas. Hay que entender que la esencia de una aventura está en el establecimiento de una intimidad secreta con alguien. Secreto que, necesariamente, debe mantenerse con falsedades. La infidelidad, en realidad, no se refiere a con quién se acuesta uno, sino a quién miente.

La aventura adúltera ha tenido cierto predicamento en determinados períodos de la historia. En tiempos de penuria y hambruna, por ejemplo, han florecido los casos de esposas que vendían sus gracias corporales a escondidas del marido, para llevar un suplemento económico a la depauperada familia, y han sido motivo de pasionales dramas teatrales, lacrimógenos seriales y culebrones tragicómicos. Como expresa el dicho popular: «Los cuernos, como los dientes, cuando salen duelen, pero luego ayudan a comer.»

También hay que recordar que en épocas —no muy lejanas— en donde imperaba un cierto grado de hipocresía social, se admitía que matrimonios de la burguesía acomodada se jactaran públicamente de tener «queridas», entretenidas, mantenidas —con piso incluido— por parte del patriarca de la aparentemente respetable familia, con el consentimiento tácito de las puritanas esposas oficiales. Estas amantes «a sueldo», reclutadas a menudo de la farándula y de las *varietés*, eran la válvula de escape de las picardías y fantasías sexuales de los impecables caballeros («Eso no, eso no, eso te lo haces con la querindonga», vetaban las esposas en el lecho nupcial a los requerimientos improcedentes de sus maridos). Que la costumbre de los dobletes y tripletes matrimoniales viene de antiguo nos lo dejó escrito Alejandro Dumas, hijo: «La cadena del matrimonio pesa tanto que es preciso sean dos para llevarla y, a veces, tres.»

En esta línea se expresaba con sorna nuestro Nobel Camilo José Cela, a propósito del doctorado honoris causa que le concedieron en Japón y que le permitió conocer la agradable compañía de las geishas:

> *... entonces fue cuando me di cuenta de que el estado perfecto del hombre quizá sea la poligamia, o al menos la bigamia, esa situación que busca el equilibrio de los complementos. Los caballeros persas viven con tres mujeres, una para la alcoba, otra para el salón y otra para la cocina. A lo mejor en diferentes latitudes se precisan más, otra para que toque el clavicordio, otra para que atienda los avisos de Internet y aún otra para que gane el dinero con el que poder vivir con dignidad.*

Infidelidad virtual

Ya lo anuncié en mi anterior libro *Enganchados a las pantallas:* por sexos, los hombres son más propensos al juego y a la pornografía, mientras que las mujeres lo son a las amistades personales íntimas que encuentran chateando en Internet.

> *Aprendí a conectarme a los chats gracias a una vecina que se maneja muy bien en Internet. Lo probé una noche que estaba sola en casa. Mi marido y mis hijos habían salido. Sin darme cuenta me encontré metida en una animada conversación con un señor. Muy amable y educado, se interesó por mi vida: qué hacía, cuáles eran mis gustos, qué aficiones tenía... ¡Se me pasaron dos horas volando! Quedamos para seguir charlando la noche siguiente. Y así una noche y otra, y cuando no podía ser por la noche porque los tenía a todos en casa, nos conectábamos por la mañana, cuando mi marido y los hijos estaban fuera en sus trabajos. Así empezó nuestra amistad a través del chat. Necesitaba cada día, fuera a la hora que fuese, hablar con él. Me decía siempre cosas muy hermosas y me echaba en cara que mi vida era muy aburrida y que nadie me valoraba. Me animaba a cambiar de vida... a que la disfrutara compartiéndola con él. Un día me propuso conocernos físicamente. Dudé mucho, créame; pero al final quedamos en vernos en un café. ¡Me convenció! Era tal como me lo había imaginado: galante, educado y cariñoso. Durante un tiempo seguimos viéndonos, a escondidas. Y, ahora, es la persona que llena mi vida. He dejado a mi familia y me he ido a vivir con él.* (Confesión de una esposa seducida por Internet.)

Aún no hay una adecuada definición de infidelidad en el ciberespacio. Esta indefinición es todavía mayor cuando se trata de asuntos de sexualidad. Es habitual pensar que una relación que se establece por Internet no es un adulterio porque no existe contacto sexual directo. Tampoco la ley puede probar un adulterio sin un contacto sexual real y directo. Estando así las cosas, sepan que más del 70 % de estas infidelidades dejan de ser virtuales en poco tiempo...

El adúltero/a virtual también deja pistas de su ciberadicción y el otro miembro de la pareja —si está al tanto— puede detectar signos premonitorios: cambios de horario del otro cónyuge, se acuesta muy tarde o se levanta demasiado temprano; pide que no se le moleste mientras está frente el ordenador y actúa misteriosamente; descuido de las tareas que habitualmente realiza en la casa; evasivas y mentiras, y manipulación de las cuentas domésticas o tarjetas de crédito; desinterés por el sexo en el matrimonio (las infidelidades por la red incluyen mutua masturbación, encuentros reales y llamadas telefónicas de contenido sexual); cambios en el comportamiento, menor comunicación con la pareja y menor interés por las salidas o vacaciones familiares.

Siempre había sido aficionada a la informática. Se pasaba tiempo con juegos de ordenador, con los cuales tenía gran habilidad, y muy a menudo me hacía partícipe de los mismos. Por estos motivos, no me alarmé cuando empezó a pasar excesivo tiempo ante la pantalla. Al principio me dijo, como excusa, que ayudaba a una amiga que le habían encargado un complicado trabajo en Internet. Cuando yo llegaba a casa, me la encontraba cada día delante del ordenador, y decía que los niños ya estaban bañados y cenados. No comía conmigo, decía que ya había picoteado antes. Nuestras relaciones sexuales se fueron espaciando, porque se acostaba más tarde que yo. Cambió su carácter, se volvió huraña e irritable. Nos hablábamos poco. Decía que no me metiera en su vida, que estaba muy ocupada. Hace una semana me comunicó que se había enamorado de una persona y quería separarse. Estoy seguro de que lo había conocido chateando, aunque ella no ha querido reconocérmelo. Esto es todo. Vamos a separarnos. (Confesión de un marido engañado por Internet.)

Los países que nos preceden en tecnología ya están preparados para el espionaje de la traición. Existen programas de ordenador para cazar al infiel: que pueden leer *e-mails* recibidos y enviados, espiar conversaciones de chat, descubrir las contraseñas del espiado, etc.

La infidelidad virtual suele suceder a velocidad de vértigo, pero también es cierto que las parejas virtuales asimismo se deshacen a la misma velocidad, y muchas veces debido a otra infidelidad por el mismo medio.

El sexo del adulterio

Partamos de la base de que la cultura machista —de la que, por suerte, vamos saliendo poco a poco— acepta más fácilmente la infidelidad del hombre que la de la mujer. Y como al varón la sociedad no le pone tantas trabas, aprende a racionalizar la situación y no vive con la misma contradicción: tener una pareja dentro y otra fuera de casa.

También en la relación íntima de pareja el comportamiento es diferente. El hombre es más receloso y suspicaz ante la infidelidad sexual, mientras que la mujer puede ser más tolerante con un marido o compañero que tenga un desliz ocasional siempre que no haya una implicación afectiva importante. En cualquier caso, no hay ningún componente genético ni evolutivo, según los antropólogos, por el cual una mujer soporte emocionalmente mejor la infidelidad del marido...

Pero sí que hay un cierto marchamo diferencial en la forma de practicar el adulterio: ¡el hombre y la mujer no engañan por igual! Cada uno tiene sus tácticas preferidas y la particular manera de actuar imprime a la infidelidad el sello de cada sexo.

El maduro galán e incisivo escritor José Luis de Vilallonga, en una sección semanal periodística se refirió a las infidelidades matrimoniales con estos precisos términos:

> *Las mujeres suelen ser en estos penosos asuntos mucho más consecuentes que los hombres. No son, por lo general, partidarias del divorcio porque no les parece bien destruir la unidad de una familia, en la que creen, sólo por satisfacer un sentimiento personal, por más fuerte que éste sea. Al hombre casi siempre es el egoísmo —o el confort— quien le dicta sus actitudes. No le parece despreciable librarse a los placeres de un nuevo amor tratando al mismo tiempo de conservar intacto su hogar. Más cobardes, los hombres «se arreglan». Las mujeres cortan drásticamente o se quedan, pero raras veces consienten en nadar en las aguas turbias del engaño y la traición. Las mujeres saben ser infieles sin dejar de ser leales.*

Tampoco la infidelidad es valorada de igual forma por el marido que por la esposa. Para el hombre, por ejemplo, puede ser una simple aventura en una noche loca en un viaje de negocios sin mayor trascendencia que haber «echado una cana al aire», sin acordarse luego siquiera de quién era la fémina que provocó el sensual deseo, ni de su cara ni demás señas. «Llevaba unas copas encima», añadirá el hombre en su alegato defensivo. Y realmente para él todo queda en una aventura aislada que no implica continuidad y tampoco menoscaba el amor que siente por su esposa.

Sin embargo —¡mire usted por dónde!—, esa misma libertad que da un respiro a la autonomía masculina, se teme en el caso de que la practiquen mujeres. En el fondo no ha desaparecido aún el estereotipo tradicional según el cual la aventura extramatrimonial se considera normal en el varón y sin embargo no es tan aceptable en una mujer. A ésta se la enjuicia y castiga, como todo el mundo sabe, con mayor severidad. La hipocresía del doble rasero moral.

Los patrones de fidelidad para el hombre y la mujer dentro de la pareja son, todavía, algo distintos. Parece ser que para un hombre es compatible estar verdadera y profundamente enamorado de una mujer y tener deseo sexual por otra y así traicionar a la primera. Para la mujer enamorada, en cambio —utilizando palabras de Francesco Alberoni, autor de *Te amo*—: «Un acto sexual fuera de la pareja es una profanación, porque ella consagra el cuerpo al amado y tiene horror al contacto con "un cuerpo extraño".» Tal vez por eso el hombre siente que cuando su mujer se ha entregado a otro hombre deja de ser «suya». Lo vive como un ataque en toda regla al concepto que tiene de sí mismo: ser el centro de la relación con los demás y creerse con el derecho de posesión... y de pernada.

En el caso de la mujer, muchas de sus infidelidades pretenden provocar celos al hombre que tiene al lado con la esperanza de atraer su atención. Es lo que el filósofo José Antonio Marina denomina «la infidelidad del ama de casa», y que entronca con el «síndrome del ama de casa en bloque de viviendas» que expuse en un apartado anterior.

Se da en el caso de mujeres que están en una situación real de incomunicación y soledad en busca de alguien que les haga sentir un poco importantes. Algo de eso he comentado en «Infidelidad virtual».

> *Qué quiere que le diga, si al final de un día de agotador trabajo, cuando todo el mundo duerme en casa, tecleo en el ordenador y me conecto al chat, y alguien me pregunta desde un lugar remoto... ¡y, óigame, me lo dicen por primera vez en el día!: «¿Qué tal estás, cariño?» Simplemente: ¡me derrito!* (Revelación de una ama de casa.)

Cuando la necesidad de estima queda sistemáticamente frustrada en casa, sobre todo si se esperaba una gran satisfacción de la vida en pareja, se produce un penoso sentimiento de desolación e impotencia, y más de una se agarra al primero que encuentra por el barrio. Pero la situación se complica cuando se trata de «tretas» de infidelidad (¿o de pseudoinfidelidad?), con el único propósito de que el cónyuge nos dedique la atención perdida. Ya que en estos casos, a menudo, lejos de recuperar el ansiado afecto, puede sufrir las consecuencias incontrolables de los celos de su pareja y terminar con un descalabro matrimonial. Y, además: ¿quién le dice que no estaba esperando precisamente su pareja una muestra de «infidelidad» por parte de usted, y así tener excusa para darle el pasaporte? Cuidado, pues.

Crisis de la mitad de la vida

Que nadie entienda que voy a justificar las desavenencias matrimoniales porque los cónyuges llegan a cierta edad crítica; pero si tuviera que escoger un punto débil en la relación de pareja, podría situarlo en la llamada «crisis de la mitad de la vida» (la *midlife crisis* que han acuñado los de habla inglesa). También se la conoce como crisis de la madurez: va de los cuarenta y cinco a los cincuenta y cinco años de edad, aproximadamente (ya se sabe: «De los cuarenta para arriba no te mojes la barriga»). Pero ¿es un punto de inflexión en la relación de pareja o más bien de fragilidad emocional de la persona?

Lo cierto es que numerosos matrimonios crujen y se desequilibran cuando uno de los cónyuges se mete en esta franja de edad. Esta crisis a que me refiero se caracteriza por la súbita percepción de la fugacidad del tiempo, acompañada de un sentimiento subjetivo de la brevedad de la vida y un replanteamiento de las ambiciones personales. Llegado a esta situación —a menudo angustiosa—, cada adulto, según su bagaje de personalidad, se encamina hacia una determinada dirección.

Hay quien intenta reorganizar su vida en función del tiempo que queda por delante más que del tiempo ya desarrollado y consumido. Es el momento del balance y la reflexión sobre lo que se ha hecho y lo que aún queda por hacer. Algunos salen fortalecidos de este autoexamen, pero otros se acongojan. Les asalta la ansiedad por el tiempo que pasa tan rápido, el temor a un descenso de la actividad sexual, el menor interés erótico que les despierta la pareja —para la que, por supuesto, también pasan los años— y todo ello puede contrastar con la explosiva actividad y conductas sexuales de los jóvenes, lo cual es especialmente evidente cuando por motivos de trabajo (profesores de escuela o universidad, monitores deportivos, mundo de la moda, etc.) se está rodeado a diario de juventud o cuando se tienen los propios hijos en edad juvenil.

Saber envejecer es para más de uno/a una asignatura pendiente o inexorablemente suspendida. Hay quien encara el paso de los años con dignidad y gallardía, mientras que a otras personas les entra el más tremebundo pánico. El actualmente maduro galán Robert Redford, con 64 años a cuestas, satisfecho de saber envejecer sin complejos, decía en una entrevista:

> *Cumplir años no lo veo como un problema, ni siquiera en el caso de las mujeres. Hay casos muy patéticos en mi país. Es tan triste ver a todas esas damas del espectáculo con los rostros como clonados en el mismo tubo de ensayo... Todos los rostros similares, carentes de la más mínima expresión. Para mí, la belleza de una mujer está precisamente en su edad, en la expresión de experiencia y vida que se acuña en su rostro.*

Es evidente que la estética hace felices a muchas personas. Pero, sinceramente, ¿queremos un mundo donde la felicidad dependa del lustre de la fachada y no del mobiliario intelectual?

Es posible que en esta situación biográfica de cada uno aparezcan conductas desinhibidas, que en el hombre se manifiestan por la aparición súbita e imprevisible de conductas sexuales tumultuosas, tales como la búsqueda de aventuras, amoríos y devaneos extraconyugales; mientras que en la mujer se une el problema de la desaparición de las reglas (menopausia), que puede suscitar un sentimiento de sexualidad disminuida o desvalorizada, con una identidad femenina limitada o, por el contrario, un sentimiento de libertad mostrando abiertamente una renovación de la sexualidad, a menudo con un tinte vigorosamente juvenil.

Maridos y esposas, por separado, me presentan en la consulta su dilema entre continuar su vida matrimonial de «somos como amigos» o romper por lo sano e irse con el nuevo amor que ha aparecido en sus vidas, «de quien estoy realmente enamorado/a». Se trata de gente que quiere ser responsable y que, por lo tanto, sopesa al milímetro las alternativas posibles a su ambigua situación. No quieren dañar al cónyuge, ni a los hijos... pero tampoco quieren hipotecar su vida de relación («carente ya de ilusión», dicen) únicamente al hecho de «que no sufran los demás».

> *¿Vale la pena irse con esta jovencita que me está volviendo loco, con sus buenas tetas y culito respingón... dejando atrás hecha un mar de lágrimas a mi esposa, que ahora, como es lógico, ya no tiene los pechos tan prietos y el culo lo tiene más fláccido? No sé qué hacer... Estoy hecho un lío.* (Duda de un marido ante el dilema de separarse.)

Por otro lado, a estas crisis de los cónyuges cuarentones y cincuentones que se centran fundamentalmente en la reelaboración de su vida sexual, hay que añadir el sentimiento depresivo que con frecuencia les atenaza debido a las múltiples pérdidas —reales o simbólicas— que los cónyuges sufren en este período. Entre ellas, dos pérdidas son particularmente importantes: por una parte la de los propios padres, a menudo ancianos, enfermos o próximos a la muerte; y, por otro lado, la de los hijos adolescentes, que escapan del ala protectora parental para volar con independencia y autonomía. En ambas situaciones hay preocupaciones y quebraderos de cabeza, que si se suman a los que ya tiene la persona que está en crisis... animan a más de uno/a a liarse la manta a la cabeza y echarse al monte.

No le demos más vueltas: la crisis de la mitad de la

vida, sin llegar a ser un atenuante, puede ser, no obstante, un motivo a tener en cuenta cuando surgen desavenencias en la relación de pareja. Aquí es donde la capacidad de comprensión y compromiso de cada cónyuge se pone a prueba y donde cada uno ha de dar lo mejor de sí mismo.

CAPÍTULO V

De la desilusión a la escalada de enfrentamientos

> Los matrimonios entran en conflicto no cuando se pelean, sino cuando bostezan.
>
> JARDIEL PONCELA

Aparece la desilusión y luego el resentimiento

¿Dónde queda aquel flechazo? ¿Aquella pasión desenfrenada? ¿Dónde están las promesas que nos hicimos durante el noviazgo? ¿Es posible que me sintiera tan enamorado/a de él/ella?, se preguntan, estupefactos, cuando miran atrás en el recuerdo y refrescan la memoria ojeando cartas —o *e-mails*—, álbumes de fotografías y vídeos domésticos. ¡Qué cosas tan entrañables me escribía! ¡Qué ternura en la mirada de ambos en esas fotos! ¡Con qué delicadeza le cogía la cintura en los paseos! ¿Qué ha pasado?

Desilusión. Concisa palabra que encierra tanto significado en el entramado amoroso cuando éste se viene abajo; precisamente porque se puso mucha ilusión en construirlo.

> *Parece como si algo se hubiese roto dentro de mí. He perdido totalmente la ilusión que había puesto en mi matrimonio. Tampoco siento por mi marido el amor que le*

> *tuve en su día... y le quise con locura. Ahora, sólo le tengo el cariño que se puede tener a un compañero de fatigas, porque ya son bastantes años bregando juntos. Pero lo que se dice amor, no.* (Confidencia de una esposa desilusionada.)

Vayamos por partes. Veamos la secuencia que va de la inicial desilusión a la más total insatisfacción. De entrada, la predisposición positiva que teníamos el uno con el otro en el enamoramiento («No puede hacer algo mal», ¿recuerda?) cuando todo lo veíamos de color de rosa, a la que surgen diferencias en la relación de pareja, se nos rompen todos los esquemas y cambiamos radicalmente de actitud mental, y, a partir de entonces, lo que hace cualquiera de los dos se interpreta en clave negativa: «No hace nada bien.» En esta fase de incipiente deterioro de la relación, la atención de los cónyuges se concentra en los aspectos negativos de la convivencia y se tiende a ser excesivamente crítico con el otro miembro de la pareja.

La razón fundamental de este cambio radical de perspectiva es que, en cuestiones de relaciones íntimas, nos gobernamos por la ley del «todo o nada» (volveré sobre ella más adelante). O se es blanco o se es negro, sin matices intermedios. Antes, él/ella eran los héroes, los únicos, los ídolos de la historia marital; ahora son los traidores más miserables. «Le gusta hacerme sufrir», se lamentan los cónyuges. Las acusaciones que se dirigen mutuamente suelen cristalizar en pensamientos reiterativos (a veces, patológicamente obsesivos) que tienen omnipresentes los adverbios «nunca» y «siempre».

A medida que el clima de desilusión va tomando cuerpo e impregna toda la convivencia de la pareja, se llega a lo que denominamos «estancamiento de las relaciones». Por el desencanto que embarga el espíritu de uno o ambos cónyuges, se congelan los sentimientos, se ponen corazas de resignación y ya no se genera ningún nuevo tipo de afecto. Es la congelación conductual. Nadie mueve ficha. «¡Quieto parao!», parecen decirse.

En consecuencia, la relación se degrada paulatinamente; con el agravante de que esta situación de «estancamiento» puede durar años, ya que siempre existe una vaga y difusa esperanza de que las cosas podrían mejorar, lo que en cierta manera mantiene la desilusión en estado de congelación. Algunas almas más caritativas llaman a este estado resignación.

Lo más peligroso es que esta degradación progresiva de la relación que se ha iniciado con el penoso sentimiento de desilusión, se acompaña con el paulatino incremento de otro sentimiento de cariz muy negativo: el resentimiento. Hay quien dice que los dos grandes polos del deseo humano son el «amor» y el «resentimiento». Así, frente a la generosidad extrema del amor, el resentimiento es una sensación de ira contenida, de indignación soterrada, que acaba siendo una pasión incubada y clavada en el alma de aquella persona que la padece y se considera víctima de un acontecimiento que percibe como injusto, por lo que se siente herida, humillada y ofendida y, al mismo tiempo, impotente para descargar, por el momento, su frustración y su latente hostilidad contra el presunto ofensor.

Esta impotencia para expresar sentimientos negativos revierte hacia el interior de la persona provocando graves distorsiones en sus razonamientos. El impulso para la formación del resentimiento parte de la venganza, el odio o la envidia, siendo necesario que la expresión de estas pasiones sea reprimida o aplazada por la impotencia. Una vez incubado el resentimiento, «revive» una y otra vez en la conciencia de la persona, como un recuerdo emocional de hostilidad hacia el otro. Quien sufre la pasión del resentimiento padece una especie de autointoxicación psíquica que le lleva a depender del objeto de su hostilidad, blanco de su aplazada venganza, porque en el fondo vive con el secreto temor de que este deseo sea cumplido y, en consecuencia, la repetida escenificación mental de su resentimiento —que funciona como «combustible» de su obsesionado vivir— desaparezca. El cónyuge resentido, pues, se encuentra atrapado por sus propios sentimientos negativos.

Con el paso del tiempo, el resentimiento, revivido repetidamente, en lugar de atenuarse se amplifica. Y cuando el resentimiento no es controlado a tiempo, la persona resentida, espoleada por esta negativa pasión, si encuentra por fin la ocasión propicia para actuar, lo hace mediante una reacción violenta de consecuencias imprevisibles.

¡Los celos que me corroen!

Una cosa es ese sentimiento elemental que deriva del miedo a perder a la persona amada, y que podríamos denominar «celos sanos o normales», y otra muy distinta, y que cae de lleno en la psicopatología, es la celotipia. Auténtica enfermedad de celos que impregna todos los pensamientos de quien la padece y convierte su vida en un infierno de inquietantes dudas. A veces, estos celos patológicos tienen su origen en una causa orgánica, como, por ejemplo, una lesión cerebral por accidente traumático, cardiovascular o hipertensión arterial, o bien pueden deberse, cada vez con mayor frecuencia, al alcoholismo. Los celos obsesivos pueden tener, incluso, causas genéticas.

En la pareja, los celos atacan a un 50 % de los hombres y a un 60 % de las mujeres, y son los protagonistas de la mayoría de crisis matrimoniales. Las mujeres son más propensas a sufrir lo que he llamado antes celos normales, especialmente cuando llegan a la madurez y ya no se sienten tan atractivas como antes, y creen que su consorte va a fijarse en otras chicas más jóvenes. En el perfil psicológico del hombre celoso destacan la inmadurez, la inseguridad, el orgullo, el egoísmo y, a veces, también, la violencia. Aunque el denominador común de los celos en ambos sexos es el no tener la seguridad de que tenemos suficientemente seducida y cautivada a la persona amada, y, por lo tanto, la podemos perder.

Sabemos que una relación se puede romper a causa de los celos, incluso sin haber pruebas por medio, ya que la persona con obsesión celosa tiene frecuentemente una convicción falsa e incorregible, y está absolutamente segura de que la engañan.

> *Sufro terriblemente por culpa de los celos que tengo de mi esposa. Creo que me los provoca su belleza y también su simpatía, porque, allá donde vaya, se convierte en centro de atención de todos los hombres... Ella, además, es muy coqueta y, a veces, surgen interpretaciones equívocas en las personas con quienes compartimos fiestas y reuniones. En algunas ocasiones lo he pasado tan mal, tanto, que me he visto obligado a llevármela aparte, llamarle seriamente la atención y amenazarla con irnos al momento, cosa que hemos hecho más de una vez, con gran enfado por su parte. Ella siempre dice que mis celos no tienen ningún fundamento. Y yo la creo, pero sufro mucho.* (Revelación de un marido celoso.)

Grave y dolorosa enfermedad humana que afecta tanto a quienes la sufren como a sus blancos, receptores o víctimas, y que combina amargamente los sentimientos de posesión y desconfianza, según explica mi colega Luis Rojas Marcos en su libro *La pareja rota.* La barrera inquietante de los celos puede surgir en cualquier momento de la relación: durante la fase pasional del enamoramiento, en etapas posteriores de unión y amistad, durante períodos de devaneos o infidelidades, o incluso durante la ruptura final...

Personalmente, opino que el miembro celoso de la pareja continúa siéndolo tiempo después, pasados meses de la separación e, incluso, cuando ya lleva años separado, estando siempre celoso/a de las nuevas parejas que aparezcan en la vida del otro (y la única posibilidad que conozco de que se terminen o mitiguen esos celos es que el corazón del celoso/a encuentre otra persona que le llene plenamente y acapare todos sus pensamientos, no dejando resquicio para celos).

En cierto modo el hombre es más receloso y suspicaz respecto a la infidelidad sexual, mientras que la mujer puede adoptar una actitud más comprensiva hacia la infidelidad del compañero. Las mujeres, con el fin de mantener la relación, a menudo son capaces de diferenciar el significado de un pasajero desliz sexual del más trascendente involucramiento afectivo del otro miembro de la pareja con otra persona. De todas formas, incluso en las culturas donde se tolera el adulterio, los celos son una causa frecuente de conflicto en el matrimonio.

A todo eso, a la persona celosa se la descubre fácilmente por sus indirectas: «¿No te queda muy corta esa falda? ¿Por qué te has arreglado tanto si sólo vamos al súper? ¿Con quién te sentarás en la cena de tu empresa?...» Por el contrario, a veces se pasan años y años sin decir nada pero observando cuidadosamente a su pareja, adoptando injustificadamente una actitud severa y un talante misterioso. Se dice con razón que los celos son desconfiados y llevan a los dos amantes a escudriñarse como dos potenciales enemigos.

Lo que pretende un celoso cuando oculta su problemática es evitar reconocer su inferioridad y su envidia. En ocasiones, lo hace para que su relación no se deteriore impregnada de esa desconfianza enfermiza, e incluso para impedir que el hecho de reconocer sus celos dañe la imagen que tienen de él/ella el otro miembro de la pareja y los demás. Cuando explota es cuando se viene todo abajo.

Aunque hombres y mujeres pueden reaccionar muy agresivamente cegados por los celos, los ataques de celos patológicos en el varón suelen ser más destructivos y conducir con más frecuencia a actos impulsivos de violencia física contra la pareja.

Algunos investigadores del tema, hurgando en los fundamentos históricos del patriarcado, han llegado a la conclusión de que los celos son la concreción sexual de la idea de que la mujer es propiedad privada del hombre. Antes, la mujer era un objeto productor de niños, y el hombre se ahorraba el martirio de los celos tratándola como a una mercancía y encerrándola en casa (el saber popular lo decía bien claro: «La mujer en casa con la pata quebrada»).

Los enredos que produce el entramado celoso llevan a los miembros de la pareja a límites extremos y situaciones insospechadas. Algunas, es bien sabido, mortales. El celoso siente una tremenda angustia ante la posibilidad real o ficticia de que un rival le arrebate el objeto de su amor, y este angustioso sentimiento le hace interpretar la realidad a su manera. Así, todo se vuelve acusador y significativo, cada gesto, cada olvido, cada palabra o cada silencio se convierten en una prueba, una demostración de sus sospechas. ¡Una auténtica bomba de relojería!

La drástica ley del todo o nada

Esta ley del corazón enamorado que no admite matices se manifiesta con toda la crudeza en los casos de infidelidad de uno de los miembros de la pareja. Probablemente el adulterio, o la simple sospecha del mismo, sea una de las situaciones que precipitan la aparición de la desilusión en la vida matrimonial.

Sobre la infidelidad se han acuñado numerosos chistes, a cuál más gracioso, bien sea sobre las espectaculares protuberancias óseas que adornan la frente de los cónyuges que están en Babia («Puede rastrillar con las dos sienes», decía Francisco de Quevedo de un cornudo), o las jocosas situaciones que se plantean en el hogar cuando regresa de improviso el consorte ausente, con los amantes escondidos en los armarios o debajo de las camas. Pero la realidad no va de chiste, sino de drama. Esas aventuras, aparentemente anodinas (para quien las realiza, claro está), no sólo socavan un matrimonio ya vacilante, sino que pueden ser el síntoma premonitorio de su fragilidad.

¿Por qué una aventura tiene un efecto tan traumático en el cónyuge ofendido, en particular cuando el incidente es descrito a menudo como trivial? El psiquiatra norteamericano Aaron T. Beck formula esta pregunta en su interesante libro *Con el amor no basta*, y afirma que la respuesta reside «en el significado simbólico de la aventura». En ninguna otra situación el pensamiento de todo o nada se dramatiza con más claridad que en los asuntos relacionados con la fidelidad: un cónyuge es fiel o infiel, y punto. No hay matices, ni grises, ni nada intermedio. Una única aventura descubierta basta para catalogarlo/a como infiel, al igual que una persona que robó una vez es marcada como ladrón, o alguien sorprendido en una mentira es considerado para siempre mentiroso.

Como apostilla el escritor y director de cine Marcel Pagnol: «El honor, como los fósforos, sólo sirve una vez.»

La aventura infiel implica traición, la quiebra de las promesas de lealtad y de fidelidad sexual que implícita o explícitamente se habían formulado ambos cónyuges de no tener relaciones sexuales fuera del matrimonio. Pero, por encima de todo, lo que se rompe estrepitosamente es la confianza básica depositada en el otro. Esto es lo que más duele. Bruscamente desaparece la seguridad que teníamos en que la relación de pareja era lo primero, lo primordial, y que nunca sería sacrificada por un capricho de autocomplacencia de uno de los cónyuges. Luego, usted puede añadir los argumentos que quiera para abundar en la desconfianza de que se ha hecho acreedor el cónyuge adúltero: si no es fiel a la pareja, tampoco lo será en los negocios, ni en la amistad, ni a sí mismo...

Aunque los devaneos y amoríos extramaritales tienen hoy en día bastante predicamento e incluso cierto respaldo social, que encuentra múltiples atenuantes a la infidelidad amparándola en una pretendida conquista de la libertad personal, las consecuencias siguen siendo graves para la continuidad de una armónica relación amorosa.

¿Hablamos claro?

—Mi marido se hace el sordo cuando le hablo. Nunca dice lo que piensa. Nunca entiendo qué quiere decir... (Lamento de una esposa.)

—*Ella convierte toda conversación en una disputa. Siempre se pone a la defensiva cuando le pregunto algo...* (Queja de un esposo.)

Cuesta hablar claro o entender claro cuando las relaciones de pareja entran en terreno conflictivo. Parece como si se formasen cortocircuitos en las vías de comunicación, que perturban y sabotean la comprensión de los mensajes. «Se les cruzan los cables», se dice en lenguaje coloquial.

Si no hablamos claro, o mejor dicho, si no entendemos claro, las posibilidades de que surjan malentendidos o confusiones entre la pareja son múltiples y cada vez mayores. Incluso parejas con leves problemas de comunicación pueden tener importantes malentendidos. Éstos a menudo conducen a la frustración y la hostilidad y, en consecuencia, a un progresivo deterioro de la misma comunicación. En los casos extremos, incluso simples conversaciones triviales pueden convertirse en apasionados debates competitivos, luchas de poder y mutuos desprecios y descalificaciones.

En estas situaciones, la comunicación verbal entre los cónyuges, lejos de promover la clarificación y la comprensión, desencadena el enfrentamiento. Las palabras se convierten en armas arrojadizas; las discusiones, en encarnizadas batallas...

Me resulta muy penoso observar lo mal que lo pasan algunas personas, que me consta que en otras ocasiones saben expresarse con claridad, cuando llega el momento en que tienen que comunicar sus pensamientos, deseos y sentimientos a sus propias parejas. Se bloquean, tartamudean, equivocan las expresiones. En ocasiones incluso parecen hablar idiomas distintos. En realidad usan las mismas palabras, pero el mensaje emitido es totalmente distinto del mensaje recibido.

En un minucioso estudio psicológico se encontraron importantes diferencias en la comprensión de las comunicaciones entre parejas con buena adaptación matrimonial y parejas con una pobre adaptación. De tal forma que las parejas con matrimonios desgraciados no acertaban tanto como los matrimonios felices en descifrar lo que querían decir sus cónyuges. Lo curioso en este estudio es que, tanto las parejas desavenidas como las felices, tenían igual capacidad para descifrar sin problemas los mensajes de personas extrañas. Por tanto, todo proceso de comunicación que funciona bien fuera del matrimonio presenta «cortocircuitos» entre las parejas desavenidas.

Hay muchas parejas inmersas en una auténtica torre de Babel. El ritual de la ceremonia de la confusión impera en sus hogares y se culpan mutuamente de ser los causantes.

El cruel juego de los disparates

Cuando los cónyuges se hostigan mutuamente, intensifican, sin proponérselo, la resistencia del otro y refuerzan las opiniones negativas que van teniendo cada uno de los miembros de la pareja, llevándolas hasta el extremo de lo inverosímil.

Con el tiempo, las posiciones que mantiene cada cónyuge se hacen irreconciliables y se congelan en la perspectiva de cada uno (egocéntrica), que hace que éste llegue a la conclusión de que el otro es «insoportable» e «intolerante». Y, paso a paso, vamos adentrándonos en el alocado juego de los disparates (¿se acuerdan de este divertimento a que todos hemos jugado en la más tierna infancia?).

Así las cosas, en lugar de ver lo desagradable que pueda mostrar la pareja como algo pasajero, al otro cónyuge le parecen características permanentes, rasgos inamovibles de su viciada personalidad. Estos pensamientos negativos se van repitiendo, de tal manera que la perspectiva negativa que ofrece el cónyuge «ofensor» ya no varía. Esta perspectiva fija incluye a menudo una imagen visual de la pareja en la que, por ejemplo, la maldad y el desprecio están grabados en la expresión del rostro. «Pero ¿no ve usted la mirada de malvado/a que tiene?», te advierten a espaldas del cónyuge potencialmente peligroso. A aquella persona a quien se vio antaño afectuosa y atractiva, se la percibe ahora odiosa y muy fea.

Esa imagen mental negativa, deformada y rígida determina entonces lo que un cónyuge observa —y deja de observar— en el otro. Es decir, el cónyuge calificado de ofensor queda enmarcado con una imagen deformada que acentúa los rasgos negativos e ignora los positivos. De tal manera es así, que cualquier acción que emprenda se verá, inexorablemente, a través de este marco. Los actos neutros se considerarán negativos, y los negativos lo parecerán aún más. En cuanto a los actos positivos —¡hechos con la mejor intención!—, se interpretarán como negativos o serán descalificados de entrada, sin entretenerse nadie en buscar su verdadero significado.

«¿Qué pretende ahora este hipócrita?», piensa la esposa al ver acercarse a su marido, con la mejor de sus sonrisas, portando una bandejita con dulces.

—¿Te apetecen, María? —pregunta tímidamente el sonriente marido.

«¡Seguro que pretende sobornarme con estos dulces que tanto me gustan! ¿Qué querrá sacarme? ¡Qué farsante

es, el muy desgraciado!», se dice rabiosa, la esposa. (Escena hogareña que semeja el juego de los disparates.)

A fuerza de convencerse de sus propias perspectivas y argumentos, cuando los cónyuges «ofendidos» exponen a sus familiares, amigos y abogados las pruebas acumuladas en su ámbito relacional en contra del otro consorte, éstas resultan tan convincentes que incluso terceros imparciales son persuadidos de la validez de las situaciones que se exponen. El pensamiento negativo, fruto del cruel juego de los disparates, tiñe, pues, todas las acciones que se desarrollan en la pareja.

Por supuesto, la gente no asume de manera espontánea una perspectiva cerrada y negativa de los demás, ya que tiene que haber todo un tiempo de «aprendizaje»; pero, una vez adoptada, es ésta la que dicta los pensamientos y las acciones. Por el contrario, una perspectiva abierta y que intenta ser positiva es capaz de adoptar el marco de referencia de otra persona, ver el mundo con los ojos de ésta y relacionarse de un modo más flexible. Esto es lo que se conoce como capacidad de empatía, es decir, saberse poner en el lugar del otro. Sin duda es una buena práctica para ejercitarnos cada día.

Golpe por golpe

Cuando la pareja entra en la espiral de los enfrentamientos abiertos, la violencia verbal, e incluso física, campea a sus anchas. En estas situaciones es prácticamente imposible mantener un diálogo. Cualquier leve intento de un cónyuge de convencer al otro está irremediablemente condenado al fracaso.

El enfado ciega toda posibilidad de cambio. A una persona enojada no le gusta que la contradigan en su visión de la realidad y considerará siempre que el otro no sólo está equivocado, sino que además intenta vilmente manipularla y aun engañarla.

Los miembros de la pareja —en este caso, los contendientes— se enzarzan en un combate «a muerte» cuando acceden al hogar —en este caso, el ring—. Una especie de ley del talión impera en la relación familiar desavenida. Hay que contestar golpe por golpe, procurando infligir el mayor daño posible al cónyuge-adversario. Algún antropólogo dice que el impulso que nos lleva a devolver cada golpe es ancestral e instintivo, cavernícola y tribal, como respuesta automática a una amenaza.

Con frecuencia me encuentro con cónyuges que participan de la creencia popular de que expresar el enojo, de una manera bien visible, es algo bueno. En términos psiquiátricos es lo que denominamos «catarsis», que en griego significa: purificación; es decir, liberarse de ideas y experiencias que a uno le resultan dolorosas. Pero en realidad no lo hacen bien, porque sólo piensan hacerlo en función de uno mismo, sin tener en cuenta el efecto que produce sobre el otro, quien a su vez reacciona al bombardeo de agresividad generando más enojo contra el cónyuge atacante.

La situación llega a ponerse tan tensa que ninguno de los cónyuges tiene suficiente valor para intentar buscar una solución. Están atrapados en una espiral de violencia, en una escalada imparable de enfrentamientos; están enzarzados en lo que llamamos en terapia familiar «conflicto simétrico», que viene a ser: «Tú me das un golpe y yo te contesto con otro»; así no cede ninguno y la escalada de agresiones es continua, porque se nutre de las consabidas respuestas simétricas o en escalera (¿a que recuerda a la vieja ley talmúdica del «ojo por ojo y diente por diente»?).

Lo que quizá se inició en su día por un nimio detalle —del que ya nadie se acuerda— ha crecido ahora de manera desmesurada, alimentado por antiguos rencores y reproches que afloran sin contención. La pareja no ha tenido en cuenta un principio fundamental en la dinámica de una relación: que la represalia acostumbra a ser contraproducente, ya que con frecuencia supera a la ofensa inicial. La propia inercia de la situación nos conduce a infligir más daño del que hemos recibido, participando así —quizás, incluso, inconscientemente— en una escalada de agravios. Además, ya se sabe que «la violencia siempre genera violencia».

Lo peor de esos feroces combates matrimoniales, al margen del daño inmediato que se hacen los cónyuges, es el agrio recuerdo que queda en sus mentes una vez remitido el fragor de la contienda. Ya he comentado anteriormente que, aun suponiendo que se llegue a una situación de paz total, los contendientes difícilmente olvidarán lo que se han llegado a decir, a base de insultos y calumnias, o se han hecho, a nivel de desprecios, humillaciones, vejaciones y golpes. Éste es el triste poso que queda cuando renace la calma, emerge el mugriento fango que sólo podrá limpiarse con el paso del tiempo y con grandes dosis de buena voluntad por ambas partes.

Mire, doctor, usted nos ha ayudado mucho con sus consejos y casi nos ha puesto a ambos en disposición de volver a reiniciar nuestra vida de pareja. Pero, por desgracia, no es posible. Nos hemos dicho cosas muy gordas y nos hemos echado en cara cosas demasiado fuertes. Es una pena, pero no podemos volver a la situación anterior a nuestro con-

flicto. ¿Sabe por qué? Porque nunca, por más que nos esforzáramos, podríamos olvidar lo que nos hemos llegado a decir. (Confesión de una pareja muy problemática que había recuperado un cierto grado de relación.)

Parapetados en distintas habitaciones

El distanciamiento emocional entre los cónyuges —también conocido como «divorcio emocional»— cada vez es mayor, hasta llegar a la total indiferencia y, por último, a la separación física de la pareja dentro del propio hogar: comen a distintas horas, duermen en habitaciones separadas, etc. ¡Penoso! A esas alturas, la gravedad de la situación difícilmente puede negarse y mantenerse por más tiempo.

Recuerdo a un niño que se quejaba amargamente de haberse convertido en el recadero o el correo interno de la casa, y se pasaba el día portando mensajes de un progenitor a otro.

—Pedrito, dile a tu padre que mañana por la tarde voy a llevarte al pediatra para tus vacunas y que, por lo tanto, no cuente contigo —le comunica la madre, que está en el salón leyendo una revista.

—Sí, mamá, ahora mismo voy a decírselo —contesta el chaval, que está haciendo los deberes escolares en la mesita del salón.

—Papá, mamá me dice que te diga que mañana por la tarde tengo que ir al médico...

—¡Ni hablar!... dile a tu madre que precisamente mañana por la tarde habíamos quedado para ir al zoo, ¿te acuerdas, Pedrito? —le comenta el padre, que está en su dormitorio viendo la televisión.

—*Mamá, pues papá dice...* (Escena de matrimonio en situación de divorcio emocional.)

¡Qué incomodidad vivir los cónyuges separados en una misma casa! Comiendo y cocinando cada uno por su lado, ignorándose cuando indefectiblemente se cruzan por el pasillo, haciendo vida en distintas habitaciones... y todo eso cuando las dimensiones de la casa lo permiten, porque en un pisito de sesenta metros cuadrados, ¡ya me dirán!

Creo, sinceramente, que llegada la pareja a esta ambigua situación de convivencia, y antes de que se degrade aún más la relación, es mejor que los cónyuges pongan tierra por medio, pactando, por ejemplo, una separación temporal. Es preferible que no se vean las crispadas caras por la mañana cuando (en un descuido, por mala sincronización de sus distintos horarios) se encuentren en el recibidor de la casa. Claro que cuando uno/a tiene que tomar la decisión de hacer las maletas y largarse... se lo piensa dos veces; también hay quien decide enrocarse por las bravas en los metros cuadrados que considera suyos y se escuda tras el lema: «¡A mí no me echa nadie!» (habitualmente es que no tiene adónde ir).

> *Mire si tengo mala suerte, doctor, que después de separarme, por necesidades económicas, me he tenido que quedar con los hijos en la casa en que vivíamos, que es de mi ex marido, y él vive, precisamente, en otro piso suyo en el mismo rellano, puerta por puerta. De tal manera que cuando salgo por la mañana casi siempre me tropiezo con él, y cuando me descuido las llaves de casa, él tiene que abrirme con sus copias de las llaves... Los únicos que tienen ventajas son los hijos que a todas horas pueden estar en casa del padre, en donde se lo pasan muy bien*

porque es infantil como ellos y les consiente todo. A mí me fastidia tenerlo tan cerca. (Lamento de una ex esposa.)

Pero si somos realistas estaremos de acuerdo en que toda esta burda farsa de «convivencia» es una situación tan anormal y potencialmente peligrosa para la integridad física y mental de cada uno de los miembros de la pareja, que urge tomar una decisión definitiva. Recuerdo al respecto unas palabras que me impresionaron y que oí pronunciar al final de una conferencia al premio Nobel francés Jean Dausset: «El desprecio es una de las mayores causas de violencia.»

Le apunto aquí que me preocupan mucho más las parejas que no se hablan, que aparentan ignorarse mutuamente, que las que discuten abiertamente y se acaloran aunque sea en agrios enfrentamientos. Al menos, en éstas hay fuego para atizarse el uno al otro tirándose los platos, lo cual demuestra que aún hay vitalidad en la relación, el corazón de ambos cónyuges todavía late (aunque sea impulsado por el rencor o el odio), y el hipotético trazado del electrocardiograma muestra actividad: no está plano, que sería demostrativo de muerte... afectiva.

Al contrario de lo que mucha gente opina, las peleas no son razón de separación. En cambio, sí lo es el deseo de los cónyuges de recobrar su libertad, ya sea sexual, de acción o económica, y ello sin tener que escuchar las críticas del otro. Confidencialmente, le diré que a estas alturas aún no sé el exacto significado de la habitual y enigmática expresión en boca de los que se quieren separar: «Me tengo que realizar.» «¿Realizar en qué?», me pregunto y les pregunto ante tal misteriosa explicación. La mayoría de las veces no obtengo una clara respuesta y se me descuelgan con vaguedades. De lo que sí estoy seguro es de que entre ellos ya no hay amor y, sobre todo, ya no existe el deseo que hace que dos seres, a pesar de los frecuentes desacuerdos, se elijan para estar el uno junto al otro. En conclusión: la separación se produce cuando los cónyuges dejan de sentir la necesidad y el deseo de estar juntos (tome nota: éste puede ser un buen test casero para saber si se está o no enamorado).

Reacciones agresivas e información privilegiada

Ahondando en este frágil y misterioso mundo de los sentimientos, le traigo un viejo proverbio árabe que asegura: «Tres cosas hay que no dejan huella: el pájaro en el cielo, el pez en el mar y el hombre en la mujer.» Quizás en un plano metafísico se pueda entender la última aseveración de este sabio proverbio, pero tocando de pies al suelo la realidad cotidiana me demuestra que sí que deja huella el hombre en la mujer... aunque sea por lo negativo que deja. Y si sigo exprimiendo el proverbio en cuestión, también llego a la conclusión de que muchos hombres no dejan huella en la mujer en su paso por el matrimonio... pero sí la dejan cuando la abandonan.

¿Qué quiero decir con eso? Pues, mire usted, mientras haya amor en la pareja, todo va bien, y se reparten sonrisas, cariñosos cumplidos y carantoñas por doquier; pero, «cuando una mujer deja de amarnos se convierte en un ser implacable», nos advierte el escritor Louis Pauwels, aunque a algunos esa advertencia les llega demasiado tarde. (Aquí, aunque hable de la mujer como protagonista sibilina de la destrucción a conciencia del cónyuge varón, no obstante, es igualmente aplicable al hombre que desea ser implacable con su consorte caída en desgracia.)

En numerosos casos de separación, el odio del cónyuge que se siente abandonado/a es tal, que busca como sea la reparación... Y entienda usted que «reparar», en el lenguaje coloquial de «reparar» el descalabro matrimonial, exige como mínimo machacar al ex cónyuge ausente, al cual se considera el único culpable del destrozo de la relación. No importa el precio a pagar, el esfuerzo a realizar y las artimañas que se utilicen. «¡Hay que aplastarlo/a como sea!», se conjura el agraviado consorte. Al final tiene que llegar la venganza, aunque se trate de una venganza pírrica (según el DRAE: «Triunfo obtenido con más daño del vencedor que del vencido»).

Sin alcanzar cotas de sádica violencia física, los miembros de la pareja también pueden despedazarse entre ellos de manera simbólica: sin sufrir el más mínimo rasguño corporal, pero sí infiriéndose profundas heridas espirituales y morales, que luego son muy difíciles de cicatrizar. Tenga en cuenta que la persona que nos conoce mejor en esta vida es nuestro pariente más próximo: nuestra pareja. Con el contacto diario ha llegado a conocer todo lo bueno y todo lo malo de nuestra intimidad. Sabe lo que más nos gusta y, por lo tanto, lo que más nos duele si nos quitan estos gustos. Se conoce al dedillo nuestro «mapa emocional», con nuestras fronteras y limitaciones. También conoce nuestra reacción si nos hurgan en determinados recovecos de nuestros sentimientos... Es decir, el otro miembro de la pareja tiene demasiada información privilegiada de nuestra intimidad. Y puede utilizar esta información «reservada» para hacer bien o hacer mal.

Una manera de descalificar al cónyuge-contrincante es a base de difamarlo o calumniarlo, a diestro y siniestro, sin tregua, sin ningún recato ni la menor consideración, sin contemplaciones. «¡Este cerdo/a no se merece compasión!», parece que se dice uno para autojustificarse de la masacre dialéctica en que está empecinado. A menudo me veo obligado en la consulta a cortar de cuajo cuando se dispara algún informante —que tanto puede ser hombre como mujer— con esta retahíla de síntomas peyorativos e improperios sobre el otro cónyuge, que, además, está ausente y no puede defenderse de los cargos que se le imputan.

> *—Mi marido es alcohólico de siempre; consume, además, todo tipo de drogas; ha hecho múltiples estafas en negocios, porque es ludópata y se lo gasta todo en juego; creo que también le gustan los hombres; temo, también, que haya violado a mi hija, y a mí me maltrata cada día dándome tremendas palizas...*
>
> *—¡Oiga, oiga, señora... por lo que me dice usted se ha casado con un verdadero monstruo! ¿Hasta ahora no se había dado cuenta de cómo era?*
>
> *—Pues...*
>
> *—Señora, si todo esto que me cuenta es cierto, y no lo pongo en duda, aunque me faltaría confirmarlo con la presencia en la consulta de su marido, créame: no pierda el tiempo y presente ahora mismo una denuncia en el juzgado de guardia.* (Diálogo en la consulta del psiquiatra.)

Huelga decir que lo único que se consigue con esta llamada al orden y al sentido común es rebajar algo el grado de agresividad verbal del cónyuge que se entrevista y situar la conversación en un tono más desapasionado. Lo de poner una denuncia en comisaría o en el juzgado de guardia casi nunca se cumple. «Quizá he exagerado un poco, doctor», termina por disculparse la virulenta informante.

No obstante, la violencia que usan entre sí los miembros de una relación conflictiva, puede alcanzar cotas inverosímiles. No basta que el cónyuge resentido busque las mil y una maneras para destruir la imagen personal, familiar y social del otro, con las descalificaciones más groseras (por aquello de «calumnia, que algo queda»), sino que el objetivo final es ¡borrarlo/a del mapa! Sí, sí, créame: eliminarlo físicamente, si se pudiese. Conseguir crear en el círculo de parientes y amistades más próximas el delirio ilusorio de algo así como aquel título de magnífica película de espionaje bélico: «El hombre que nunca existió» (o la mujer que nunca existió).

Cada vez que me encuentro con casos potencialmente tan destructivos, doy gracias a que en España los ciudadanos no puedan poseer armas de fuego sin un motivo muy justificado. ¿Sabe por qué digo eso? Porque veo en las penetrantes miradas de algunas de estas personas preñadas de odio, en sus ojos desencajados, unos destellos de tal intensidad de ira y agresividad que pienso lo que serían capaces de hacer con su aborrecida pareja si se tropezaran con ella teniendo una arma en la mano: la matan y la sumergen luego en cal viva, ¡seguro!

La hombría herida: violencia a domicilio

Ya he apuntado anteriormente que el sexo es donde primero se instala el conflicto en la pareja... sobre todo desde que la mujer ha conquistado el derecho a decir «no».

Todos sabemos que hay varones que se revuelven sumamente agresivos cuando les tocan su punto débil: la hombría; el «soy muy macho», para entendernos.

Los papeles del hombre duro y competidor, la mujer débil y sumisa, están desapareciendo del panorama social.

Rápidamente están cambiando los roles sexuales en la cultura actual, con un repliegue del varón frente a la mujer que cada vez pisa más fuerte. ¿Qué papel deberá desarrollar en adelante el hombre?, se cuestiona, por ejemplo, el escritor Antonio Gala: «Acomplejado frente a una mujer que se le enfrenta en todos los campos, incluso en el inmediato y fácil hasta ahora de la cama, con los hijos mirando hacia la madre más que a él; sin el club de solidaridad masculina que le había preservado de asaltos y permitido gallear de sus proezas, veraces o inventadas.»

No pretendo ignorar que también hay casos de maridos maltratados por sus esposas, pero estará de acuerdo conmigo en que son menos frecuentes. Y el mismo amparo social y trato judicial pedimos para estos lamentables casos.

Tanto hombres como mujeres son capaces de generar carga agresiva y transformarla en violencia destructiva cuando sienten agredida su unidad matrimonial, pero con el agravante de que en el sexo masculino se añaden los conceptos fuertemente arraigados de virilidad y hombría (con la ayuda de la musculatura que aporta la testosterona). Sentirse abandonado por la mujer propia, hace salir la rabia de las entrañas del macho herido en su más querido narcisismo. Y de aquí a los celos asesinos, hay un paso.

> *¡La muy zorra quiso irse de mi lado, para juntarse con su maromo! ¡No pude permitirlo! Por mi honor y el de mi familia, juré que no sería de otro. ¡O mía o de nadie! Por eso la maté... porque era mía.* (Explicación de un marido homicida.)

El 95 % de las muertes y maltratos que se anuncian en los periódicos de cualquier día: las víctimas son mujeres que están separadas o en trámite de separación. Qué coincidencia, ¿verdad? Hay una explicación histórica para estas raíces violentas del varón ibérico, ya que hace sólo veinte y pico de años que se derogó la llamada potestad marital, que autorizaba al marido a corregir a su esposa y obligaba a ésta a obedecerle. Y sólo mucho más recientemente ha sido considerada un delito la violación dentro del matrimonio. Gran parte de la violencia doméstica estalla cuando la mujer se niega a tener relaciones sexuales. Coincido con mi colega Carlos Castilla del Pino, cuando dice que no hay resorte más seguro para que salte la espita de la violencia en un hombre que hacerle sentirse cuestionado en su hombría. En España, 44 mujeres murieron asesinadas por su pareja en el año 2000, por ejemplo.

Estadísticamente se sabe que las mujeres tienen seis veces más posibilidades de ser agredidas por un familiar que por un desconocido, así como un riesgo dos veces mayor de ser asesinadas por sus maridos que por extraños (mientras que los varones, por el contrario, presentan un riesgo mayor que las mujeres de ser víctimas de agresiones y homicidios a cargo de un desconocido).

Advierte José Sanmartín, director del Centro Reina Sofía para el Estudio de la Violencia, de Valencia, que las dos claves fundamentales para explicar la violencia intrafamiliar son las trasnochadas ideas de que la mujer es propiedad del hombre y los hijos propiedad de los padres. Así pues, la violencia conyugal encuentra su caldo de cultivo en la dependencia y en la asimetría de la relación entre los consortes, con menoscabo del más débil, habitualmente la mujer. Más datos: en España, al menos una mujer fallece semanalmente por maltrato; las violencias denunciadas no superan el 10-30 % de los casos (se impone la ley del silencio), y las denuncias que se hacen son tardías, a los diez años de media después de la primera azotaina...

Esta ciega visceralidad que conduce a un ex marido a propinar una paliza mortal, descuartizar o convertir en antorcha a su ex esposa son los coletazos espasmódicos de la impotencia del varón que se siente rechazado. Espero y deseo de todo corazón que esas violentas reacciones cavernícolas sean las últimas manifestaciones del machismo herido de muerte, desbordado por el empuje y vitalismo del colectivo femenino que, por primera vez en la historia, no depende del otro sexo y brilla con luz propia. Y eso a muchos no les gusta.

¿Hasta que la Iglesia nos separe?

Hace unos meses se desató en la prensa la polémica de si la violencia doméstica, el maltrato familiar, era causa suficiente de nulidad matrimonial. Fue a raíz de las declaraciones de un juez instructor eclesiástico en el marco de un simposio sobre Derecho matrimonial canónico: «La Iglesia considera que el maltrato no es motivo de nulidad matrimonial.» Dicho así, sin más matizaciones, se transmitía la idea de que la Iglesia es insensible al dolor y a la humillación de estas víctimas familiares, por no anular inmediatamente su matrimonio. En realidad, el mismo juez, don José Gago, deshizo el malentendido declarando:

> *Los malos tratos, en sí mismos, si no se comprueba que son efecto de una causa psíquica previa al matrimonio —en cuyo caso el matrimonio sería nulo por esa causa—, no constituyen una causa de nulidad, ya que serían hechos posteriores al matrimonio, sin vinculación previa a la celebración del mismo. Con ello lo que quería manifestar, dicho sea en lenguaje no estrictamente jurídico, es*

que los malos tratos conyugales suelen ser síntoma de una problemática psicológica más grave; y si ésta es anterior al matrimonio, aunque no se haya manifestado, el matrimonio sería nulo. De hecho, el Tribunal de Mérida-Badajoz, al que pertenezco, ha dictado varias sentencias declarando la nulidad de matrimonios en los que hubo malos tratos conyugales.

Puestos a matizar —como nos sugiere la abogada matrimonialista Rosa Corazón, autora del libro *Nulidades matrimoniales*—, hay que tener presente que lo que hace nulo un matrimonio es que la causa de nulidad esté vigente, viva, cuando se casaron. Por ejemplo, casarse con una persona que carece de uso de razón hace nulo un matrimonio; pero, si tras la boda el marido sufre un accidente que le priva de sus facultades mentales de por vida, no por eso es nulo el matrimonio, porque era válido desde su origen.

Vayamos por partes. No es sólo una cuestión para los creyentes, sino que forma parte del derecho natural: todo matrimonio, para que lo sea realmente, es indisoluble. La Iglesia no tiene potestad para disolver ningún matrimonio. Sin embargo, cuando se descubre que en algunas de las promesas intercambiadas ante el altar faltaba un verdadero compromiso para llevarlas a cabo, éste no llegó a ser válido y se puede decir que nunca existió vínculo matrimonial. Por ejemplo, cuando se llega al matrimonio con la idea de no guardar fidelidad, o de permanecer casados «sólo mientras dure el amor».

Entre las causas para pedir una nulidad están: un grave defecto de discreción de juicio en uno de los contrayentes; que exista algún tipo de anomalía psíquica que le impidiera ejercer la capacidad crítico-valorativa del matrimonio, y la incapacidad de asumir las obligaciones propias del matrimonio, porque se rechaza que el matrimonio sea para siempre o por exclusión de los hijos.

En estos tres casos, el Código exige que haya un perito que informe al respecto. Posteriormente, se practica una prueba pericial, en la que un psicólogo examina a las partes. Cada diócesis española tiene su tribunal de primera instancia, al que se entregan para iniciar el trámite los «hechos del matrimonio». Si después del proceso se declara la nulidad, la pareja queda libre para volver a casarse, pero se les impone un veto: hasta que la condición que llevó a la toma de decisión no se supere, la persona que tiene el problema sigue incapacitada para el matrimonio. Debe conseguir un permiso por parte del obispo de la diócesis para volver a casarse, que se concede previo nuevo examen de un psicólogo o psiquiatra. En cuanto a los hijos, aunque el sacramento se declare nulo, siguen siendo legítimos del matrimonio natural, conforme al Código Civil y al derecho canónico.

Se dice que las decisiones de la Iglesia en la disolución de las relaciones matrimoniales son caras, inaccesibles pues a bolsillos menesterosos, y exclusivamente se conceden a los famosos y las folclóricas de turno. ¿Son eso mitos o realidades?

Los datos están a disposición de quien quiera solicitarlos: cantidad de personas anónimas acuden cada año a solicitar la nulidad matrimonial y, si se demuestra que los gastos no pueden pagarse, los trámites son totalmente gratuitos. En cualquier caso, lo que está en juego no es que la Iglesia sea más o menos comprensiva al conceder la nulidad del matrimonio. La nulidad no se concede; la nulidad está ahí desde el principio; si no, no habría nulidad. Lo que aquí se hace es que la nulidad se declara y se reconoce.

CAPÍTULO VI

¡Nos separamos!

> La relación matrimonial, que tiene un ritual de comienzo, no tiene ritual de finalización.
>
> ENRY IMBER-BLACK

¡Mi matrimonio está muerto!

Cuando uno de los cónyuges, o los dos a la vez, considera que su relación de pareja ya no da para más, sólo queda extender el certificado de defunción y proporcionar un entierro lo más digno posible al matrimonio que dicen se ha muerto. Se lo traduzco en términos psiquiátricos: se trata de ayudar a uno o a ambos miembros a elaborar y asumir emocionalmente el proceso de duelo por la pérdida de la relación.

Los cónyuges creen que han llegado a un punto en que no hay retorno. Uno de ellos, o ambos, tiene la fuerte convicción de que las cosas no pueden mejorar. ¡Hay que poner punto final! Según me dicen ya han luchado bastante para mantener a flote su precaria relación. Unos se expresan con desgarrado dolor ante el desenlace inevitable; otros con un tinte de indiferencia y apatía, como si fuera una situación ya muy distante, que no fuese con ellos.

Mire, doctor, mi esposo es incapaz de cambiar. Yo ya lo he intentado todo. Tengo que decirle que hemos ido a otros psicólogos y psiquiatras antes de usted y no ha servido para nada: él decía que sí a todo mientras estaba delante del profesional, pero al salir de la consulta decía que todo lo que le habían indicado eran bobadas y que por lo tanto no haría nada de lo que se había comprometido. Yo ya he sufrido bastante y demasiado daño me ha hecho. Nada puede mejorar nuestra relación. Si continuáramos, las cosas empeorarían... (Confesión de una esposa decidida a separarse.)

La decisión está tomada y es irrevocable. No obstante, en las consultas de orientación matrimonial es obligado preguntar —por una mínima cuestión de ética profesional— antes de iniciar cualquier intervención terapéutica con los cónyuges, si vislumbran alguna posibilidad, aunque sea muy remota, de reconciliación. Si la respuesta es categórica y contundente («No hay ninguna posibilidad, doctor»), no debe insistirse y habrá que respetar la decisión tomada. Pero, ¡ojo!, siempre y cuando la sentencia sea unánime en ambos cónyuges; porque si uno de los miembros tiene alguna esperanza de reconciliación, aunque sea muy pequeña, justo es plantear a ambas partes si hay realmente posibilidades o no de acceder a la misma.

En terapia de pareja acostumbramos a proponer, en los casos en que se vislumbra un resquicio de duda sobre la decisión unánime de romper, una separación temporal, a prueba y bien pactada, para ver qué pasa... antes de que la pareja se aboque a la fractura definitiva.

Es como dar un pequeño balón de oxígeno a la depauperada relación. Lo que hay que procurar es contar con alguna persona de solvencia, con espíritu optimista que pueda hacer de moderador en este período limitado de reflexión. A menudo es útil, por ejemplo, que alguien (familiar, amigo, sacerdote, mediador o médico) anime a rememorar a los cónyuges dispuestos a separarse las experiencias matrimoniales placenteras que a buen seguro han vivido durante su relación antes de que ésta se hiciera insostenible.

Quien más, quien menos, todos tenemos en nuestro desván de los recuerdos instantes sublimes de intimidad amorosa, cenas, viajes, fiestas familiares, nacimientos, crecimiento de los hijos... Alegrías y también penas que hemos compartido plenamente con nuestra pareja. Pero este bagaje memorístico, con gran carga emocional y vivencial, curiosamente queda lejano y casi relegado al olvido cuando decidimos separarnos. Es como si un prejuicio negativo lo envolviera todo y ocultara a los ojos de los cónyuges las partes buenas de su biografía en común. Sólo la cruda realidad tiene vigencia y se ve con diáfana claridad.

Con todo, aun siendo respetuosos con la decisión expresada libremente por la pareja de terminar su convivencia, no hay que menospreciar que la relación matrimonial es un hecho persistente hasta la consumación del divorcio legal. Es decir, sea cual sea el grado de complejidad de la situación de pareja, el profesional que atiende el caso no puede desestimar a priori el poder funcional de la estructura familiar, su posible recuperación o su latido interno, que se dice. Así pues, en caso de entrar en la agonía, si al matrimonio hay que extenderle un certificado oficial de defunción, el juez civil y el tribunal eclesiástico serán los únicos autorizados para sentenciarlo.

¿Quién toma la decisión de separarse?

Es obvio que la gente opta por separarse por complejos motivos, algunos de los cuales tienen muy poco que ver con una auténtica incompatibilidad matrimonial, pero cuyo peso específico para quien los vive determina mandar al traste la relación.

Lo curioso es que así como la decisión de casarse o vivir en pareja acostumbra a ser un acuerdo unitario —hoy en día se dice «en consenso»—, la decisión de separarse raramente se toma de mutuo acuerdo, sobre todo en la familia con hijos.

Habitualmente, lo que veo en la consulta es que un miembro de la pareja desea dejar el matrimonio con mayor énfasis que el otro. A menudo, también, sólo un cónyuge quiere ardientemente marcharse cuanto antes y pone todo el empeño en ello. Otras veces son los dos quienes aparentan querer dejarlo al unísono. «De común acuerdo, doctor», certifican puntualmente.

Desde las estadísticas está más que demostrado que las mujeres deciden terminar su vida en pareja en las tres cuartas partes de los casos, mientras que cerca de la mitad de los maridos se oponen enérgicamente a su decisión... Por otro lado, un tercio de las esposas están en total desacuerdo con la separación, incluidas las que ven en esta medida la solución a sus problemas matrimoniales.

La decisión de separarse puede deberse a múltiples causas y analizar cada una de ellas es prácticamente una tarea imposible, pero le propongo resaltar las más frecuentes. Podríamos empezar por una que se esgrime en un tercio de los matrimonios: culminación de años de insatisfacción matrimonial. O bien puede tratarse de una respuesta al estrés, provocado por un descalabro laboral, la muerte de un familiar, el accidente de un hijo o un diagnóstico de enfermedad mortal. También puede ser una reacción impulsiva, por ejemplo, por celos, para dañar al marido y ganárselo con esta maniobra amenazante de separación. Pero

¿funciona esta táctica? Hay que reconocer que suele fracasar y permite al marido salir del matrimonio más fácilmente y con menos sentimiento de culpa y, además, en mi experiencia profesional detecto que una consecuencia de esta utilización de la separación como arma de castigo del «esposo errante» es que el cónyuge agraviado que utiliza esta táctica suele seguir enojado durante años.

Paso a enumerarle algunas causas frecuentes, estadísticamente hablando, que motivan la ruptura marital o que, al menos, se alegan como tales: dificultad de comunicación entre los cónyuges; cambio de estilo de vida y valores de un miembro de la pareja; falta de amor; abusos verbales; expresión de aburrimiento; dificultades en la relación sexual; expresión de estar molesto por todo, regañando y siendo insolente; estar enamorado de otra persona; problemas económicos; deslealtad e infidelidad; despreocupación por los hijos; abuso sexual de los hijos; sentirse atrapado en el trabajo; ser suspicaz y celoso; descuidado en las atenciones del hogar; problemas con la justicia; bebedor habitual y alcoholizado; abuso de drogas; maltrato físico del cónyuge...

En general, llegada la decisión contundente de la separación, de lo que estoy muy seguro es de que ésta no se ha tomado a la ligera. Habitualmente se trata de una decisión muy meditada y que no es fruto de la improvisación. Sobre todo cuando hay niños por medio, los esposos-padres se preocupan de la situación e incluso condicionan la decisión de romper su vínculo matrimonial a que alguien les confirme que es el momento más indicado, en función de la edad de los críos, sus características madurativas, etc.

—Venimos a que usted nos diga cuándo tenemos que separarnos —expuso una modosita pareja en la consulta del psiquiatra.

—¿Quéee...? ¿Que yo tengo que decirles cuándo han de separarse ustedes? —respondió el sorprendido médico.

—Sí, doctor: usted tiene que decirnos cuándo es el momento más oportuno para hacerlo... para que no afecte demasiado a nuestros dos hijos —especificó la pareja. (Demanda en la consulta.)

La decisión de separarse acostumbra a tomarse con gran seriedad (no incluyo aquí los casos aislados de personas inmaduras que rompen su relación por un nimio contratiempo). Otra cosa bien distinta son las explicaciones que se dan a las personas ajenas a la situación de la pareja, que a menudo resultan fáciles e insulsas, para salir del paso. Como bien sabe cualquier persona que haya vivido de cerca el problema, suele haber mucho más detrás de explicaciones tales como: «Se ha ido con la secretaria» o «Se ha largado con un compañero del trabajo», que se dan entre conocidos a modo de comunicación oficial.

Abundan los chismes públicos sobre gente separada, pero pocos hacen justicia a la infelicidad que sienten aquellas personas que quieren solucionar sus problemas de una relación de pareja insatisfactoria.

No, no es una decisión frívola. Como nos quieren hacer creer algunas revistas del corazón, pretendiendo hacernos comulgar con un estado de opinión que ellas mismas alimentan con chismes y habladurías, con el cual nos quieren convencer de que cambiar de pareja es lo más natural del mundo, y que todo se reduce a unas pocas lagrimitas, sólo de entrada, y luego a disfrutar de un largo ja, ja, ja...

Un paciente, padre de familia que acaba de separarse, se despide en el dintel de la puerta de la consulta del psiquiatra.

—Encantado de haberle conocido —le dice el médico a modo de clásica frase de cortesía, estrechándole la mano.

—Créame, doctor, en estas circunstancias... no —contesta compungido el paciente. (Despedida incómoda.)

El difícil papel de contárselo a los hijos

Aunque este libro lo quiero dedicar, y creo que lo estoy consiguiendo, a la pareja prácticamente en exclusiva, si cuando llega la rotura ya tenemos retoños no podemos ningunearlos. Así pues, cuando hay hijos por medio, y si sus edades lo permiten, hay que contar siempre con ellos. Ningún progenitor tiene que avergonzarse de contárselo a los hijos. La decisión entre adultos está tomada y hay que seguir adelante. Pero los niños tienen el derecho de ser informados puntualmente de lo que va a ser su vida futura sin la actual estructura familiar.

Una cualificada autora que aboga siempre por la fluida comunicación paterno-filial, Françoise Dolto, en su obra *Cuando los padres se separan* es contundente al afirmar que «un divorcio es tan honorable como un matrimonio», en el sentido de que es un acontecimiento frecuente en la relación de pareja y del cual hay que hablar a los hijos con claridad. De lo contrario, el silencio que se produce alrededor de este acontecimiento lo convierte para los niños en una cosa sucia, una cochinada, y todo ello lo hacen los adultos con el socorrido pretexto de que la situación que han vivido los hijos ha estado acompañada de sufrimiento... Sin embargo, a estos padres silenciosos se les puede argumentar que a quien se fractura una pierna, por ejemplo, también le produce sufrimiento y no por eso lo oculta a los demás como si fuese una cosa fea.

El sacerdote y escritor José Luis Martín Descalzo, en su magnífico libro *Razones para el amor*, cuando se refiere a la situación de los hijos de padres separados, se lamenta: «¡Qué pocos son los adultos que reconocen que una de sus primerísimas obligaciones es hablar, sencillamente hablar, con sus hijos!»

No me canso de repetir a padres que se separan que expliquen a la prole, con la mayor claridad posible, que se divorcian entre ellos, pero que no se divorcian de los hijos.

Los adultos responsables han de ser capaces de explicar a los hijos la diferencia entre los compromisos recíprocos del marido y de la esposa, y aquéllos de los padres con respecto a sus hijos. Dos funciones que son simultáneas, pero diferentes, dentro de un mismo hogar estable: vida de pareja de los padres y parentalidad en activo de los progenitores. Ahora, uno de estos dos estamentos —o subsistemas, en términos de terapia familiar: el conyugal y el parental—, en este caso el de la vida en pareja, queda roto por la separación de los participantes, pero el hijo ha de tener bien presente que la función parental, es decir, el ser padres y actuar como tales, seguirá funcionando. ¡Éste es el quid del asunto!

> *Ahora que mis padres se han separado porque no pueden vivir juntos, porque sus caracteres son incompatibles, según me dicen, ¿quién me asegura a mí que algún día ellos, también, no prescindan de mí porque mi carácter les resulte molesto?* (Duda de un hijo con padres separados.)

Un desacuerdo, una separación o un divorcio no eximen del compromiso adquirido respecto al cuidado de los hijos. Eso ha de quedar muy claro en la mente de los niños. Pues, de lo contrario, creen que ya que los padres quieren anular el compromiso adquirido entre ellos, lo lamentan todo, anulando no sólo sus recuerdos recíprocos como pareja, sino también el amor que sienten por ellos. Pero un hijo necesita seguir queriendo a sus dos padres, por lo que si no se le explica nada se produce una incómoda situación que trastorna su equilibrio emocional más profundo.

> *Si papá se fue una noche de casa y no ha vuelto, también mamá se puede ir una noche y entonces me quedaré solo.* (Comentario de un niño con insomnio persistente.)

Por si algún lector se encuentra en esta precisa tesitura de clarificar al hijo su personal situación, la secuencia lógica que debe contársele es la siguiente: si sus padres se amaron, si cuando él fue concebido y cuando nació se deseaban, no por negar el amor que en un momento dado se tuvieron recíprocamente, habrán de negar el que tuvieron por él. Es de justicia, ¿verdad?

Y para una buena operatividad de los padres es muy importante que esta información o similar sea comunicada al hijo por ambas partes, tanto por la madre como por el padre, pero conjuntamente, no por separado; es decir, en una reunión con la presencia física de todos los miembros de la familia. Hay que evitar, en lo posible, que sea una comunicación dual, padre-hijo o madre-hijo, cada progenitor por su lado.

¿Cómo justificar ante el niño la separación de los padres? «Todas las justificaciones del divorcio son, en mi opinión, falsas justificaciones», puntualiza Françoise Dolto. Sin embargo, a un hijo es posible explicarle —y así empieza a entender la complejidad de la vida del adulto— que sus padres han asumido sus respectivas responsabilidades, incluso cuando las intenciones de cada uno son diferentes: por ejemplo, uno quiere separarse y el otro no. El que quiere separarse, pues, ha asumido su cuota de responsabilidad: como adulto responsable no ve más solución que tomar esta decisión. De la misma forma, el niño, a quien no es posible engañar, percibe con toda claridad que uno de sus progenitores no quiera separarse y acepta sus razones.

En la práctica profesional aconsejo a las parejas que se separan que no crean en la candidez del niño, y así no se llevarán a engaño, porque por más que quieran edulcorar la fractura, maquillar la tensa situación e intente algún que otro lobo ponerse por encima pieles de cordero, el niño coloca a cada progenitor en el sitio que le corresponde y luego pasa la factura correspondiente, ¿queda claro?

Prevención de las repercusiones en los niños

Perdóneme, pero se me despierta el alma pediátrica de defensor del más débil y quiero seguir insistiendo, al menos un apartado más, en la importancia de que los niños estén enterados e informados de la situación que se les avecina.

Siempre será recomendable establecer un diálogo abierto entre padres e hijos ante la inminente separación de la pareja. Eviten sorpresas de última hora, que no benefician a nadie. Opten por oír la opinión de los hijos ante la situación de fractura matrimonial, aunque luego no hagan ningún caso de sus opiniones.

Lo que sí hay que dejarles muy claro a los hijos es que ellos no son responsables de la separación de los padres ni tampoco de volver a juntarlos, puntualizando que se trata de una relación entre adultos y que sólo a éstos concierne.

A cada edad y a cada nivel de desarrollo del niño hay que dar las explicaciones pertinentes. Al niño pequeño se le puede informar en base a lo que ven sus ojos y oyen sus oídos de lo que pasa en casa entre sus padres. Mientras que con el niño mayor y el adolescente se ha de ir más al fondo del asunto, porque tienen derecho a saber por qué el matrimonio va a romperse.

> *Mira, los papás ya no vivirán juntos porque quieren seguir siendo buenos amigos, y si siguieran juntos se enfadarían mucho y estarían todo el día peleándose. ¿Tú qué prefieres: que los papás sigan siendo buenos amigos aunque se vean muy poco o que se peleen mucho viviendo juntos?* (Explicación razonable que se puede dar a un niño pequeño.)

Sin ánimo de ser alarmista, pero siendo realista, también hago mención a los adultos que deshacen su compromiso matrimonial de que los hijos, asimismo, pueden ver que ya no son los padres los que imponen las normas, ¡sino quienes las rompen! Lo cual puede traducirse en rebeldías importantes a obedecer pautas de conducta y normas morales que intenten imponer los progenitores, especialmente cuando se trata de hijos en edad adolescente. Los padres que se separan pueden dejar de ser punto de referencia y apoyo para la prole, convirtiéndose, paradójicamente, en quienes los niños han de comprender y ayudar (veo con frecuencia el triste papel de hijos que se han visto obligados a convertirse en «padres de sus propios padres», pobres progenitores que se han quedado hundidos después de la separación).

Y si me apuran, también advierto a los padres que se separan de una cuestión moral de fondo que a menudo no se contempla en toda su dimensión. Los niños que se educan desde pequeños en la idea de que el amor viene y va, de que no hay que sacrificarse por nada ni por nadie, que lo que priva en esta vida es ser plenamente feliz, aun a costa del sufrimiento de los demás, ¿pondrán en práctica estos aprendizajes en su propia vida adulta?

En otro orden de cosas, soy de la opinión de que la fragilidad psicológica del niño en estas situaciones de fractura matrimonial no proviene de la separación en sí, sino de la inmadurez de la persona o de las personas responsables de la educación del niño. Es la mentira que concierne a las discusiones de los progenitores lo que arrebata la seguridad y confiere fragilidad al menor, como lo hace el silencio referente a la separación y la ausencia de uno de los progenitores del hogar. Así, las parejas que no se comunican son patógenas, generadoras de enfermedad, para los niños. Mientras que cuando se habla claramente delante de ellos, hay menos peligro que cuando los conflictos son silenciados.

En esa línea hay numerosos autores, entre los cuales me cuento, que opinamos que el fracaso relacional de la pareja previo a la separación sería la causa de la fragilidad emocional del niño, pero no la separación en sí (salvo que ésta añada un plus puntual de ferocidad salvaje). Se puede afirmar, pues, que el hijo del divorcio no existe: lo que existe es el hijo del conflicto.

> *Mamá, si tú te enfadas con papá cuando él está en casa y en cambio a mí me gusta que él esté en casa, ¿por qué no ponéis dos puertas distintas para entrar en casa?, una para papá y otra para ti.* (Pregunta de un niño de cinco años que quiere tener a su padre viviendo en casa.)

La pareja que toma la decisión de separarse debe tener lo más claro posible o prever con tiempo los cambios que probablemente van a acontecer en la dinámica familiar. El problema, a grandes rasgos, acostumbra a ser doble: por un lado los hijos sufrirán el impacto de perder a uno de sus progenitores, en lo que se refiere a presencia física y continuada en el hogar; por otro, el progenitor que se quede en casa (padre custodio) tardará cierto tiempo en aprender a ejercer el papel que asumía el otro miembro de la pareja, que ya no está en casa.

Habrá, pues, un proceso de rodaje para incorporar en una sola persona las funciones domésticas que antes se repartían entre dos. Y a este cónyuge solitario le costará llegar a ejercerlas de la misma forma en que lo hacía su pareja, siendo lo más previsible que nunca llegue a hacerlo igual: lo que en algunos casos puede ser lo más deseable para el buen gobierno de la familia, ya que los hijos pueden agradecer un giro total en las pautas parentales, con ese oportuno «cambio de mano».

La regla de oro para prevenir traumas infantiles en la separación es que el niño tenga la seguridad de que sus padres, por encima de todas las desavenencias que tengan entre ellos, le seguirán queriendo. Tengo bien comprobado que si ambos progenitores saben separar sus trifulcas de pareja desenamorada de su función de padres amantísimos de sus hijos... ¡el niño está salvado!

Defensores y detractores de la ruptura de pareja

«Vale más un buen divorcio que un mal matrimonio», aconsejan algunos. Incluso hay quien dice que en este momento de la historia, en que la mayoría aún considera la familia nuclear como el paradigma de convivencia social, deberíamos dejar de obsesionarnos por mantener la «normalidad» de la familia nuclear intacta y reconocer el cambio como algo inevitable, y emprender la tarea de ayudar a las familias durante el frágil período de transición, es decir, después de la separación o el divorcio. Ciertamente, aunque se puede discrepar de este punto de vista: lo cortés no quita lo valiente.

En algunos debates en que he participado en los medios de comunicación, he oído más de una vez la apasionada defensa de la separación conyugal otorgándole categoría de conquista social, de inequívoca manifestación de lo que es la libertad personal. Lo que llaman «la cultura del divorcio». Algo así como la ágil salida o triunfo de la persona que ha podido liberarse de la atenazante o anquilosada institución matrimonial. En mi modesta opinión —con todo el respeto para los que opinan distinto—: equiparar al señor/a que se separa de su pareja con un triunfador social, que ha alcanzado el éxito en su empeño en «autorrealizarse» o «encontrarse a sí mismo/a» —ambas expresiones son muy socorridas por los que aspiran a desvincularse—, me parece una absurda idea, auténtica exageración que no se corresponde en lo más mínimo con la realidad, y que dudo mucho que se la crea, incluso, quien la pregone.

Otra cosa, bien distinta, es la que nos expone con gran sentido común el autor de *La pareja rota*, mi colega Luis Rojas Marcos:

> *La ruptura tiene dos objetivos. El primero es escapar de una relación intolerable, al menos para una de las personas. El segundo, construir una nueva vida. Todos los que inician una separación esperan fervientemente que algo mejor reemplace la relación fracasada.*

Separarse o divorciarse sólo puede equipararse con el fracaso de una o ambas personas que en su día iniciaron una relación de convivencia —quizá también de conveniencia—, con el propósito de continuidad, ya que es muy raro que se inicie una relación estableciendo de entrada una fecha de caducidad, y que durante un tiempo más o menos largo —¿días, semanas, meses o años?— fue placentera para uno o ambos miembros de la pareja.

¿Que la inmadurez de las personas puede estar en la génesis de la fractura matrimonial? Hay quien opina así, como mi amigo el veterano sociólogo Pablo Carreño, que en su último libro, *La sociedad enferma*, manifiesta:

> *Si la madurez humana se hace de autoexamen y aceptación sobre éxitos y fracasos propios, y cristaliza por la repetición de experiencias resueltas, no hay la menor duda de que la «disolución», en todo caso, y la «desorganización», mientras dura, son «salidas» que ya están fracasadas y son frustrantes desde la raíz, puesto que frenan y a veces fijan en el sujeto formas vitales de inmadurez. (...) La inmadurez, por tanto, se perpetúa sintomáticamente en el hombre o en la mujer que han vivido un fracaso y del que presumiblemente no se habrán sentido culpables.*

Es evidente que los tiempos que corren no son los más propicios para constatar la perpetuidad de las relaciones matrimoniales. Fíjese si no en lo que me pasó en una reciente entrevista radiofónica dialogando sobre temas de pareja. Al llegar el turno de interpelaciones de los oyentes, uno de ellos, que se declaró divorciado, me reprendió el que fuese, según él, «fomentador de frustraciones» (sic). Ante mi total sorpresa, ya que nunca me habían llamado nada parecido, el susodicho oyente —al que, además, se le notaba muy enfadado— argumentó que los que opinaban como yo que el matrimonio es para toda la vida, «frustrábamos» a los que querían dejarlo...

Con todo, la mayoría estará de acuerdo en que estando así de movediza la situación relacional hay que dejar bien claros los conceptos y las ideas y ponerle a cada cosa su nombre, tocando de pies en el suelo, afrontando la realidad que tenemos entre manos y comportándonos de una manera sumamente práctica.

Y que nadie se escandalice, ahora, si digo que cuando una relación se ha roto y no es posible repararla, aunque se hayan puesto todos los medios para conseguirlo, entonces cada uno dentro de sus posibilidades y responsabilidades hemos de procurar que uno o ambos miembros de la pareja salgan lo más pronto posible del desconsolado proceso de duelo y reinicien cada uno por su lado una nueva vida. No es práctico ni aconsejable abandonarse en el infortunio, dejándose llevar por una profunda depresión de la cual se puede salir muy mal parado/a.

También aconsejo a los consortes separados que acepten sus experiencias pasadas como válidas y enriquecedoras (que seguro lo han sido en múltiples ocasiones), y que vean la presente configuración constituida por la separación como un distanciamiento necesario y convenido que aún conserva un compromiso cooperativo y amistoso entre los ex esposos, y que, en el caso de que hubiese hijos, debe continuar en el cumplimiento de las funciones parentales.

Por último, le propongo a usted un punto de reflexión. Al margen de la idea que cada cual tenga sobre la relación de pareja y la estructura familiar, no me gusta que se presenten como sistemas antagónicos los matrimonios unidos y los matrimonios separados, las parejas «buenas» y las parejas «malas», enfrentando familia nuclear a familia fracturada. Y que al resultado de la separación y el divorcio se le siga llamando «hogar roto», aunque semánticamente pueda parecer correcto (traducción literal de *broken home*).

Le propongo, además, ponerse en otro ángulo de esta problemática relacional, desde un lado si cabe más humano. Y verá entonces que la separación no sólo provoca un intenso sentimiento de pérdida del ex cónyuge, sino también del matrimonio en sí mismo, de la identidad y de la posición social que proporciona el hecho de estar casado. A todo eso hay que añadir la imagen negativa que la mayoría de las personas tiene acerca del hombre separado o de la mujer separada, o del padre separado o de la madre separada, o de los hijos de padres separados.

Que la sangre no llegue al río

Cuando el asunto está que arde, cualquier intromisión en la pareja en vías de descomposición es peligrosa. Por más buena voluntad que le anime a uno con ganas de poner el granito de arena para mejorar o suavizar la tirante situación, tiene que andarse con pies de plomo para no meter la pata y, como se dice vulgarmente, salir trasquilado.

Es triste comprobar —y lo observo a diario— lo difícil que es penetrar aunque sea de puntillas en el entramado dialéctico de los cónyuges, a menudo enzarzados en una discusión continua que no permite la intromisión de ningún fonema extraño a su léxico despectivo y descalificador. Como ya he expuesto en anteriores apartados, es tal la ofuscación y la vorágine destructiva que domina a cada uno de ellos/as, pendientes únicamente de infligir el mayor daño posible a su cónyuge-contrincante, que no pueden atender ningún otro comentario que se aparte de su línea demoledora. Van a piñón fijo.

> *—Me parece que lo mejor para usted, en este momento, es que opte por no coincidir en casa con su esposa y así evitan nuevos altercados... —aconseja el profesional.*
> *—Ella insulta continuamente y no permite... —interrumpe el marido.*
> *—Déjeme insistir en la importancia de evitar enfrentamientos ahora, cuando ya habíamos pactado que... —apunta otra vez el profesional.*
> *—... con sus gritos que nadie le diga nada, impide... —sigue el marido.*
> *—Perdone que insista: se trata de un punto muy importante y tiene que hacerme caso, por favor... —repite el profesional.*
> *—... cualquier diálogo, porque ella es así de tonta, tan tonta que sólo se cree las burradas que dice... —continúa el marido ensimismado en sus pensamientos.* (Fragmento de un diálogo «de sordos».)

Estadísticamente se ha comprobado que la mayoría de las parejas en conflicto son inaccesibles dentro de los dos primeros años de la separación. Incluso se recomienda no intervenir terapéuticamente en estas parejas en plena vorágine de enfrentamientos hasta que las turbulentas aguas se remansen, ya que las prescripciones que se les puedan hacer en las sesiones de terapia tienen mínima o nula eficacia durante este período conflictivo. Nuestra única posibilidad de entendimiento con los pacientes radica en hacer comprender a la pareja que deben aparcar sus diferencias, aunque sea sólo en momentos concretos (por ejemplo, durante las entrevistas de terapia de pareja) para atender otros puntos de vista e incorporar los mensajes terapéuticos, ya que para ellos también es la única posibilidad de rebajar el grado de virulencia en que están atrapados.

El autor de *Nuestra felicidad*, Luis Rojas Marcos, también divorciado, sabe lo que se dice cuando encara la problemática de la separación:

> *El divorcio es un proceso conflictivo que se ha llegado a comparar con una guerra civil que estalla en un país que se desgarra en dos bandos enemigos. Las rupturas de matrimonios engendran a menudo un rencor tan profundo y alienante que los mismos protagonistas llegan a cuestionarse si no habrán enloquecido. Resulta verdaderamente asombroso el asco, el desprecio y la repulsión que algunos cónyuges en proceso de ruptura sienten hacia la pareja, y el grado de envilecimiento, de crueldad y de revanchismo que están dispuestos a aplicar el uno contra el otro.*

Tipos de separación y predicción de resultados

La práctica me enseña que conociendo la clase de separación que ha sufrido una pareja es posible determinar, con bastante exactitud, la intensidad del impacto emocional que han sufrido los miembros y predecir con cierta fiabilidad cómo será la turbulencia de los años posteriores. Parafraseando un dicho popular, es algo así como: «Dime cómo te separas y te diré cómo seguirás.»

Por ejemplo, la separación por infidelidad suele ser la más traumática; la separación por deterioro de la convivencia acaba siendo un alivio para todos, y la separación por las especiales características de uno de los cónyuges (enfermedad mental grave, alcoholismo, drogadicción...) también se agradece. Esta última suele ser una separación temprana, a la que se llega habitualmente después de la luna de miel, momento en que se descubre la clase de persona con quien uno/a se ha casado y, obviamente, produce cierto alivio cortar por lo sano, sobre todo en el miembro «sano».

Llamo «hijos del suspiro» a los niños a quienes se les escapa un profundo suspiro de alivio cuando les pregunto cómo están en casa después de que se hayan separado sus padres. Son los hijos del conflicto en su más alto grado de virulencia. A los que el dulce hogar se les convierte en un espantoso infierno. Con esta expresión no verbal, con este espontáneo suspiro, te lo dicen todo. «¡Uffff!, ahora es una balsa de aceite, doctor», expresan.

También existen determinadas circunstancias que se asocian con lo que será una separación traumática de la pareja y las que, por el contrario, auguran cierto ajuste armónico postseparación.

Como síntomas de separación que devendrá traumática tenemos, por ejemplo: la existencia de un vínculo emocional muy intenso con el otro cónyuge, es decir, seguir profundamente enamorado/a; la incidencia de sentimientos ambivalentes ante el hecho de la separación, que es aquello de «un quiero y no quiero»; la desaprobación personal de la separación y el divorcio; resultar descriminado como consecuencia de la separación; experimentar desaprobación por parte de personas significativas en la vida de uno; haber iniciado uno de los cónyuges el proceso de separación sin mencionar nada al otro, y, por último, ardientes deseos de castigar al otro cónyuge.

Por otro lado, tenemos algunas señales de que las cosas pueden salir bastante bien, como, por ejemplo: la existencia de cierta estabilidad económica en cada uno de los miembros de la pareja, y tener la oportunidad de desarrollar nuevas relaciones a través del trabajo y de otras actividades sociales, es decir, tener la convicción de que no todo se termina con la separación.

Al margen de esta tipología que le he expuesto, hay que contar asimismo con la personalidad de cada uno de los cónyuges y su capacidad de reacción y de sobreponerse a esos avatares. Obviamente las situaciones se hacen más complejas y con otras variables cuando la pareja tiene hijos, pero no voy a abordar aquí esta cuestión y la dejo para otro libro.

Calcular bien el efecto de las acciones legales

«Vale más un mal pacto que un buen pleito», dice la sabiduría popular. Y en el caso de la pareja que va a separarse no hay que perder de vista este oportuno consejo. Siempre será mejor pactar entre los cónyuges lo más «amigablemente» posible, que acabar en pleitos, largos y agotadores procesos contenciosos, cuyos destructivos efectos en los miembros de la pareja son imprevisibles.

Que no se lo tomen a mal los abogados, entre los que cuento con grandes amigos, excelentes profesionales matrimonialistas, expertos en derecho de familia, a los que no hay más remedio que acudir para pedir consejo o para legalizar situaciones. Pero las parejas harán bien en poner todos los medios posibles al alcance de su buen entendimiento y sentido común, con el firme propósito de «enredarse» lo menos posible en intervenciones legales y judiciales (ya se sabe: «Médicos y abogados, lo más lejos posible»).

Vengo para que usted haga un examen psicológico de mi hijo de siete años y determine si está traumatizado por la separación, y también si ha sufrido abusos sexuales por parte de su padre. Créame, estoy muy preocupada por mi hijo, al cual veo últimamente triste, no come, tiene insomnio... y no quiere ver a su padre. Espero que ese rechazo hacia el padre saldrá muy claro en el informe psicológico que usted hará. (Demanda legal habitualmente camuflada bajo demanda psicológica.)

Es frecuente, y no quiero ver en ello mala intención, sino más bien desconocimiento de la labor independiente de los profesionales. No obstante, lo constato aquí para advertir a padres en vías de separación y a sus representantes legales que se abstengan de solicitar exploraciones psicológicas de los hijos o de los propios adultos, si no es con la finalidad de poner remedio (entiéndase: tratamiento médico y psicológico) a los infortunios resultantes del proceso divorcista, y no con el propósito —a menudo muy maquillado, de estar el progenitor y demás familiares muy atribulados por la «salud» del paciente que aportan a la consulta— de recabar pruebas que sirvan judicialmente en contra de un determinado cónyuge. «Me lo ha aconsejado mi abogado, doctor», dicen luego a modo de excusa.

La exploración psicológica o psiquiátrica de una estructura familiar sometida a presiones desestabilizadoras siempre es una buena medida para pulsar el equilibrio emocional de sus miembros. La información que de ella se obtenga sirve para prevenir trastornos o para el puntual tratamiento farmacológico y/o psicológico de los protagonistas. Y otra cosa, bien distinta, es que, «además», esta información médica confidencial del paciente, a efectos legales pueda aportar datos que sirvan para encauzar adecuadamente un proceso de separación o divorcio. Pero nunca esa finalidad debe situarse en primera instancia. Para ello ya tiene el poder judicial su propia asesoría forense médico-psicológica o solicita los oportunos peritajes a los profesionales que desee.

Lo malo es que en estas situaciones de separación marital, en que los cónyuges deberían tener la cabeza fría y dejarse llevar fundamentalmente por la razón, lo habitual es que se dejen arrastrar por simples impulsos viscerales, a menudo ciegos y apasionados, de contundente daño gratuito. Claro que, siguiendo el sabio refranero, alguien podría justificar que «el corazón tiene razones que no entiende la razón».

También es sabido que cuando dos se separan, los problemas matrimoniales devienen luego patrimoniales...

En el fondo, la cuestión es que las desavenencias aparentemente insuperables que acompañan al proceso de separación obedecen con frecuencia a que los cónyuges, en sus esfuerzos por derrotar al otro, calculan mal el efecto que sus acciones, intenciones y sentimientos tendrán en la otra parte. Así, lo que pide uno que se le conceda legalmente (repartición de bienes, ayuda económica, visitas de los hijos, etc.) es interpretado mal por el otro, que, por ejemplo, sobrevalora la petición y la ve abusiva, optando por hacer aún menos concesiones, y el primero, a su vez, se siente ofendido y recrudece sus exigencias...Y atrapada la pareja en esa espiral de dimes y diretes y de falsas interpretaciones, queda en una situación estancada de desavenencias insalvables. ¡Y todo por un error de cálculo!

Hay quien sugiere, para no caer en estas situaciones conflictivas, que los matrimonios se imaginen vivamente las consecuencias de una separación mal planificada y que intenten imaginarse los inconvenientes que se encontrarán: los gastos, las citaciones judiciales, las tribulaciones, los embrollos con la justicia y, cuando hay hijos por medio, las consecuencias para ellos.

Vamos a terapia

No voy a decirle que las parejas en conflicto tengan que apañárselas por sí mismas y sacarse ellas solitas las castañas del fuego. A veces, no pueden, por más que lo intenten. Y, además, sería tirarme piedras a mi propio tejado. Considero que los profesionales de la salud mental no estamos sólo para atender la patología psíquica grave como son los enfermos psicóticos —los «locos» que se llamaba antes—, sino también para ocuparnos de situaciones que pueden parecer a primera vista más pedestres o incluso frívolas, que simplemente atañen a la cotidiana relación humana, pero cuya distorsión, si no es cogida a tiempo, es capaz de generar una severa patología mental en las personas involucradas. Y la separación de la pareja bien puede ser el paradigma.

La pareja ya se ha decidido a iniciar una terapia. De común acuerdo han resuelto que ellos solos no pueden salir del atolladero en que se encuentran. Temen por su propia integridad, psíquica y también física. Aunque tampoco es necesario que se trate de parejas en situación de confrontación, ya que, de hecho, las parejas que de mutuo acuerdo deciden separarse también acuden a terapia para que algún profesional (psicólogo, psiquiatra, mediador) les oriente en los pasos más convenientes a seguir.

Han buscado un facultativo que no fuese conocido de uno de los cónyuges o de la familia de uno de ellos, ya que, por supuesto, se impone la más objetiva imparcialidad. Por otro lado, soy bien consciente de que no es fácil tomar la decisión de exponer las interioridades de uno a un extraño.

> *No sé qué hago aquí, doctor. Ni sé por dónde empezar. Incluso no sé ni cómo me he atrevido a llegar a su consulta. Me da mucho apuro explicarle mi vida, mis cosas, las de mi marido, sinceramente, no sé si podré.* (Confesión de una mujer azorada en la primera entrevista.)

En estas circunstancias de transición y recriminaciones mutuas, las parejas suelen mostrarse reticentes a aceptar una «terapia», porque les suena a enfermedad o algo patológico. La pareja ya ha sufrido bastante, en algunos casos está «muy quemada». El proceso que culmina con la separación emocional y legal de un matrimonio implica una gran tensión para todos los miembros de la familia. También puede ser que ya hayan pasado por diversos profesionales sin el resultado apetecido. Es lógico, pues, que vengan desconfiados, a la defensiva, con las uñas a punto.

La terapia de pareja trata de ayudar a los cónyuges a superar su situación de crisis, buscando soluciones funcionales, justas y aceptables para todos. En el trabajo del profesional terapeuta es muy conveniente que participen ambos cónyuges.

> *—Oye, Manolo, he pedido hora de visita para los dos con el psiquiatra, para ver si puede orientarnos —le dice la esposa mansamente por teléfono a su marido.*
>
> *—¡Ni hablar! Ve tú, que estás mal de la cabeza. ¡Tú sí que tienes que ir al psiquiatra! —responde el iracundo marido colgando el teléfono.* (Indicación habitual de mandar al psiquiatra al otro cónyuge.)

Aparentemente el tratamiento es más difícil cuando no es posible trabajar con ambas partes. De hecho hay quien considera la intervención con un solo miembro como disgregadora de la situación, y que abordar unilateralmente el problema, escogiendo a un miembro como paciente e ignorando al otro o aludiéndolo de manera indirecta, puede ser un grave error táctico.

Personalmente pienso que nunca hay que dejar de atender a un cónyuge que solicite ayuda, aunque sea en solitario porque la otra parte no quiera secundarle. Es entonces cuando el profesional tiene que demostrar toda su habilidad terapéutica centrada en una sola persona. Otra cuestión, de orden práctico, para conseguir la mejor operatividad en las sesiones de terapia de pareja es la decisión del terapeuta de que concurran por separado, cada uno con su propia sesión: lo cual es muy aconsejable cuando el grado de hostilidad entre los cónyuges es tal, que se pasan la sesión agrediéndose mutuamente, sin hacer ningún caso al desgañitado terapeuta que intenta poner orden.

Vamos a terapia, sí; pero con voluntad de sacar provecho de las sesiones. De lo contrario, es mejor abstenerse. El tiempo de los pacientes puede ser muy valioso... pero, tanto o más lo es el del profesional.

¿Por qué no una separación temporal?

Cuando ya no hay ninguna esperanza, y todo se va al traste, unos pueden preguntarse: «¿Por qué no vemos qué pasa si pasamos una temporada separados?» Por probar que no quede, digo.

No es que nadie apueste a favor del arreglo de la deteriorada relación, que incluso puede estar más que sentenciada, pero ¿y si probamos? Se puede intentar. Eso sí, esta separación temporal, «a prueba», tiene que hacerse «en toda regla» para que no resulte una chapuza.

Habrá que plasmarla, por ejemplo, en un contrato escrito entre ambos cónyuges y el profesional (terapeuta, mediador) que intervenga en el caso, contemplando los acuerdos que se hayan previamente pactado. Un contrato a título de muestra puede ser el siguiente: la duración de la separación se recomienda que sea de seis semanas como mínimo; no tomar una decisión final con respecto a separarse o no durante esta separación temporal; compromiso a seguir asistiendo a las sesiones conjuntas con el terapeuta (o de terapia individual si fuera preciso), a razón de una sesión semanal o cada dos semanas, según se estipule; compromiso de verse los cónyuges todas las semanas un par de veces (no es aconsejable más de dos veces); compromiso que regule si podrán o no mantener relaciones sexuales durante estos encuentros semanales a propuesta de uno de ellos y siempre y cuando el otro consienta; posibilidad de tener relaciones sexuales con otras personas (dependerá de la moral y de los principios religiosos de cada uno); derecho de visita a los hijos; apoyo económico suficiente, y, por último, compromiso de realizar las tareas que el terapeuta proponga y procedimiento sobre cómo renegociar algún aspecto del contrato si se diera el caso.

Una vez contratada esta separación temporal —o por tiempo parcial, que también se llama—, la terapia progresa animando a la pareja a que actúen en sus encuentros como si la relación fuera a mantenerse en el futuro, entrenándose asimismo en algunas de sus conductas positivas, de respeto mutuo, y mejorando la comunicación entre las partes para que adquieran habilidad de negociación y solución de problemas.

Aún existe otra fórmula de separación temporal, aunque sería más correcto llamarla «microseparación» o «simulacro de separación». Es una estrategia que podrá sugerir el terapeuta cuando la pareja esté indecisa sobre qué camino tomar y así poder decidir de una vez si van a seguir juntos o van a separarse. La mecánica es muy simple. Se indica a los dos miembros de la pareja que los lunes, miércoles y viernes de cada semana, por ejemplo, tienen que comportarse y pensar como compañeros que están comprometidos a construir un futuro juntos. Mientras que los martes, jueves y sábados deben comportarse y pensar como una pareja ya separada, sin vínculos entre ellos. Los domingos se reservan para que cada uno analice la experiencia de la semana y saque sus propias conclusiones. ¿Qué le parece?

Si queda un ínfimo resquicio, la mínima expresión de algo, de que aún no está todo perdido y subyace una remota posibilidad de rehacer la vida en pareja... aconsejo siempre que se pongan a prueba con una separación temporal. Es una buena inversión: arriesgan bien poco y los beneficios pueden ser inmensos.

> *Estamos como unos novios, doctor. Hemos vuelto a empezar de cero, reconstruyendo pieza a pieza el puzzle de la relación que teníamos tan destrozada. Nos hemos empeñado con todo el cariño. Aún no hemos vuelto a vivir bajo el mismo techo, porque ahora cada uno tiene su vivienda, su propio trabajo y sus horarios, y hacemos un poco la vida de solteros. Pero hemos puesto fecha en verano para vivir juntos.* (Declaración conjunta de una pareja que quiere reiniciar la convivencia.)

Cómo separarse civilizadamente

Quizás usted ya conozca mi decálogo para separarse civilizadamente cuando la pareja cuenta con hijos, porque lo he ido dejando escrito en diversos libros; pero el que le presento ahora es inédito, pues lo he pensado para este libro en concreto dedicado específicamente a la pareja.

La separación, también lo tengo dicho cantidad de veces, no es más que un puntual fotograma de una película que hace rato que ha empezado pero aún le falta rollo para terminar. Más o menos, el hecho de la separación, el punto de mayor clímax del drama, está en la mitad de la película. En ésta hay como es lógico un argumento original e irrepetible, que se ha basado en un guión que consta de cuatro partes bastante diferenciadas: antecedentes de la pareja, etapa de preseparación, separación y etapa de postseparación.

En los antecedentes, los prolegómenos o circunstancias previas que han conducido a la situación de deterioro de la relación de pareja ya me he detenido en anteriores capítulos. Aquí, además, que cada uno escriba su personal guión. A mí lo que me interesa ahora es dar sugerencias para estar a la altura en los momentos álgidos de la etapa de preseparación, en cuyos fogones se cuecen los ingredientes que luego nos tocará probar en la etapa de postseparación, y en esta última, por ser quizá la que deja más huella en el proceso de ruptura, es conveniente que las cosas se lleven lo mejor posible.

Vayamos pues a la preseparación, auténtica fase de precalentamiento, en donde ambos cónyuges se preparan para el asalto final: terminar con sus vidas conjuntas. ¿Qué hay que hacer? Para empezar, hablar largamente entre los protagonistas de la decisión de separarse, para que después no haya malentendidos. Evitar las descalificaciones mutuas y las violencias verbales y/o físicas. Pedir consejo y asesoramiento exterior a la pareja (familiar, amigo con solvencia, relitioso, mediador, médico) cuando las circunstancias lo requieran. Aunque también hay que saber limitar la intromisión de personas que puedan perjudicar la marcha del proceso. Procurar que la separación sea de mutuo acuerdo, en la medida de lo posible. Dejar las cuestiones legales (alimentos, repartición de bienes, etc.) bien claras y pactar no enfrentarse innecesariamente en el futuro en procesos judiciales. Aun en el caso de que hubiese una tercera persona, no hay que imponer muestras evidentes de su presencia mientras dure la relación original, es decir, evitar llamadas desde el hogar, salidas inesperadas, etc.

En el momento de la separación hay que procurar hacerlo de la manera más correcta o educada posible. Por ejemplo, no irse un cónyuge del hogar de manera súbita, desertando fugitivamente (especialmente si hay hijos), e intentar una despedida amigable entre los cónyuges, dentro de lo que permita la situación.

La etapa de postseparación, que incluye los primeros meses después de la ruptura física de la pareja, es crucial porque sienta las bases de lo que será la futura relación entre los ex cónyuges. En primer lugar, hay que mantener las necesidades hogareñas básicas cumpliendo puntualmente los compromisos económicos previamente pactados. Establecer un canal de comunicación personal e intransferible entre los ex consortes para situaciones específicas de consenso, de negociación o de emergencia (una especie de línea directa o de teléfono rojo). No pretender seguir manteniendo la relación de pareja original, aunque sea esporádicamente, porque puede crear falsas expectativas a uno de los cónyuges (exceptuando casos de aniversarios familiares, reuniones de escuela de los hijos, etc.). Cuando haya una falta total de entendimiento sobre cómo llevar el proceso de separación, acudir a un profesional experto en temas de pareja y familia. Por último, si hay hijos, la regla de oro es procurar separar las cuestiones personales de los ex consortes, manteniendo la atención y cuidado de las cuestiones referentes a los hijos: que ellos sepan que sus padres, por encima de sus desavenencias, les continúan queriendo.

Quizás usted esté pensando en este momento que lo que acabo de referirle no son más que utopías. No voy a negarle que algunos de los puntos que he expuesto para separarse civilizadamente son de difícil cumplimiento, pero no son imposibles. Es cuestión de proponérselo y tirar para adelante. Y con buena voluntad por ambas partes se llega a buen puerto. Claro que, si tan bien lo hacen los que van para ex, caen de lleno en la aparente contradicción que nos brinda el escritor Donald Bloch:

> *Una pareja capaz de manejarse adecuadamente en un proceso de divorcio debería, en principio, tener un excelente matrimonio.*

CAPÍTULO VII

Efectos de la separación a corto y largo plazo

> El hombre se casa por falta de experiencia, se separa por falta de paciencia, y se vuelve a casar por falta de memoria.
>
> BERNARD SHAW

¡Reestrenamos la soltería!

Recuerdo el impacto que me produjo hace años aquel restaurante de Madrid que lucía en su escaparate el despampanante anuncio: «Se celebran divorcios.» O aquel coche que vi en una población de Estados Unidos, que se despedía engalanado con coloridos globos y arrastrando saltarines botes colgados, con el escrito en la ventanilla trasera: *«Just divorced»* (Recién divorciados). Y me pregunto en estas situaciones: ¿es tan festivo separarse?

Los que han vivido en el matrimonio una suma de obligaciones, una resta de libertades, una multiplicación de gastos y una división de opiniones, claro que agradecen recuperar la soltería. Quien se ha escapado del matrimonio como de una cárcel que le había cortado las alas o de un lugar asfixiante que no le permitía vivir libremente, es lógico que acceda a la nueva situación de soltería con un gozo indescriptible.

En esta faceta de libertad recién adquirida, los ex cónyuges que no supieron armonizar su sexualidad dentro del matrimonio o incluso manifestaron impotencia y frigidez, buscan ahora con avidez comprobar con otras personas si su vigor sexual sigue presente. Y puede resultar algo así como dice Woody Allen de la pareja protagonista de una de sus películas: «El único momento en que tuvieron un orgasmo simultáneo fue el día que el juez les concedió el divorcio.»

Más de la mitad de los hombres y de las mujeres se apresuran a relacionarse socialmente después de la separación. Se zambullen en una intensa actividad social y de nuevas relaciones sexuales. «¡En la variación está el gusto!», parecen autoanimarse.

Estas nuevas personas solteras se ponen rápidamente en marcha. Revisan sus agendas para restablecer antiguos contactos, actualizan los teléfonos, indagan dónde están los nuevos lugares de ocio y distracción, o directamente «de alterne». La sensación de libertad tiene mucho de agradable borrachera y uno se siente omnipotente, el mismísimo «rey del mambo».

> *Pero ya no es lo mismo que antes. En las discotecas no conozco a nadie. Me siento totalmente descolocado, al igual que otros que también bostezan en la barra con el whisky entre las manos... se les nota de lejos que van de ligue. ¿Que si se liga? ¡Ahora ya no ligas: se te ligan! Te proponen directamente ir a la cama, sin tapujos. Mujer que encuentras en esos sitios: o está separada y busca rollo, o quiere cazar a un separado. ¡Así está el patio!* (Relato de un recién separado en plan soltero.)

Cambian los hábitos cotidianos de estos nuevos solteros/as: aumenta el consumo de tabaco, se bebe más alcohol, se amplían los horarios de salidas nocturnas, etc. Todo ello hecho con frenesí, dando la sensación de que se intenta «recuperar el tiempo perdido». A menudo, estos divertimentos se hacen con la torpeza propia del bisoño que no está entrenado en estos menesteres o se encuentra francamente desentrenado.

Con todo, y a pesar de todo, ¡hay que ponerse al día y reestrenar la soltería que tanto ha costado recuperar!

Importantes cambios emocionales y económicos

El día D —el día «después» de la separación— amanece según las expectativas de cada miembro de la ex pareja. «¡Por fin soy libre!», puede exclamar con alegría más de uno/a, o «Me he quedado solo/a», pueden lamentarse otros. En realidad, en este empezar de nuevo que procura la separación, todos se encuentran momentáneamente en tierra de nadie, entre el pasado y el futuro.

Es evidente que el miembro que buscaba ardientemente la separación para sacudirse el yugo de ser cónyuge (que precisamente significa esto: *con-yugo*), estrena su nueva condición de libertad con alborotada alegría. No sucederá lo mismo en el miembro que no tenía intención alguna de romper la relación con su consorte (que precisamente significa esto: *con-suerte*, con quien compartía la misma suerte).

La depresión se cierne en los casos que viven la separación como un brutal agravio a lo más íntimo del ser: la autoestima. Prácticamente, la depresión se presenta en igual número de maridos y esposas después de la separación: estadísticamente en el 30 % de los casos.

Sin embargo, también hay que resaltar una reacción emocional que suele aparecer en este período inmediato: el sentimiento de volver a empezar (la *new chance* de los de habla inglesa). Una nueva perspectiva vital se abre ante los ojos de los ex cónyuges. Ambos, o al menos uno/a, tienen la esperanza de rehacer sus vidas, de mejorar su experiencia de relación y construir un nuevo futuro. La sensación de libertad y el optimismo les embarga, borrando en parte las vivencias desagradables que han dejado atrás.

Con todo, es habitual que cuando se produce la separación los presupuestos hogareños se resientan y el bolsillo de los ex cónyuges lo note. El cambio económico suele ser brusco, sin previsión ni preparación. Bastantes personas se ven obligadas a cambiar de vivienda, bajando ostensiblemente su nivel de vida.

Salvo en los casos de las esposas con trabajo bien remunerado y que no dependen económicamente del marido —que, por suerte, cada día son más—, bastantes mujeres tienen que ponerse a trabajar por primera vez, con el agravante de tener que hacerlo en precarias condiciones, como, por ejemplo, sin contar con una preparación profesional adecuada, con un mercado laboral saturado y con insuficiente demanda o con una edad demasiado madura para acceder a determinados puestos de trabajo. Y todo eso sin añadir el cuidado que precisan los hijos, cuyas madres necesitan desesperadamente ganar dinero para mantener a la prole, aunque sea en detrimento del tiempo que puedan dedicar a sus retoños... Se calcula que cerca del 40 % de las mujeres presentan unos ingresos rebajados a la mitad al año de la separación. Ya saben: la feminización de la pobreza.

Aparte de las mujeres que tienen que ponerse a trabajar, las que ya trabajaban a media jornada se ven obligadas a pasar a jornada completa, al conocido y absorbente *full time.* Aunque la mayoría de las mujeres jóvenes aceptan el trabajo con gusto, el resto lo hace como necesidad y con total resignación, ¡qué remedio! Me interesa reseñar aquí un dato muy ilustrativo: las ex esposas que no trabajan y están en casa todo el tiempo son más propensas a sufrir depresiones u otras enfermedades mentales; aunque también tengo que decir que algunas de ellas ya eran previamente enfermas crónicas o estaban predispuestas a la enfermedad, precipitándose en ella por la crisis de la propia separación.

También me interesa apuntar aquí la importancia del entorno sociofamiliar del cónyuge que se ha quedado solo/a. Ya que las alteraciones en la estructura ambiental que se han podido producir por culpa de la separación pueden hacer caer la valiosa red de soporte, constituida por los amigos, vecinos, agrupaciones e instituciones ciudadanas, precisamente en el momento en que esta red —*suport network*, le llaman los de habla inglesa— es más necesaria para arropar a los miembros de la familia que se encuentran en está frágil situación.

> *Antes salíamos juntos casi todos los fines de semana. Nuestros hijos se lo pasaban muy bien con los suyos, porque son de las mismas edades: piense que las dos parejas nos casamos el mismo año y nos entregamos mutuamente los novios del pastel de nuestras respectivas bodas. Éramos grandes amigos y nos teníamos gran confianza. Encajábamos muy bien, los hombres entre sí y lo mismo las mujeres, lo cual a veces es difícil que se consiga. Y todo se vino abajo cuando, de sopetón, nos dijeron que se separaban, ¡y nosotros no sabíamos nada ni sospechábamos nada! Fue un duro golpe para nosotros y una muestra de total desconfianza. Nuestra amistad se rompió por completo y hace meses que no sabemos nada de ellos...* (Comentario de una pareja que rompió con otra.)

Es bien sabido que durante las primeras semanas o meses posteriores a la separación, el miembro que se considera abandonado agradece las muestras de afecto y apoyo que recibe de su entorno familiar y social. Parientes y amigos han de aplicarse en estas fechas de extrema sensibilidad emocional en estar pendientes de la persona que más les necesite. Él o ella, quizá por amor propio, pueden no pedir ayuda.

El precio que hay que pagar

A diferencia de otro tipo de problemas psicológicos y emocionales de cuyo origen y causa no conoce nada el paciente que acude al psiquiatra o al psicólogo, en el caso particular de la separación, el paciente sabe perfectamente el origen de sus problemas.

Por tal elemental razón, el/la paciente que acude a nuestras consultas no puede pretender pasar por su personal situación crítica sin experimentar una determinada cuota de preocupación o de evidente sufrimiento. Así pues, el cónyuge que se separa debe tener bien claro que durante cierto tiempo lo pasará relativamente mal o mal del todo. Aunque, luego, las cosas probablemente mejoren.

Quisiera ahora adelantarme a los que se van a separar para que conozcan unos cuantos hechos relacionados con el trascendental paso que van a dar (y que luego nadie se lleve a engaño). Por ejemplo, estadísticamente se ha demostrado que la mayoría de las parejas se arrepienten de la separación durante el primer año de la misma, y esto acontece en las tres cuartas partes de las parejas (obviamente, las que se han separado porque su relación era un infierno no se arrepienten, sino que lo agradecen). Sin embargo, a los dos años —sigo con los datos estadísticos en la mano— sólo una minoría sigue arrepentida, lo que representa una cuarta parte de las parejas.

Todos sabemos de parejas que lo pasan francamente mal durante su proceso de separación. Las personas que se separan deben ser plenamente conscientes de que los motivos que les empujan a la separación pueden ser vientos que traigan tempestades, y han de estar preparados para afrontar cualquier tipo de eventualidades. No obstante, también han de saber que son miles las parejas que se separan todos los años y sobreviven.

Con frecuencia el cónyuge que se quiere separar, pero que aún no se lo ha dicho a su pareja, me comenta en la consulta estar seguro de la reacción del otro consorte en el momento que se dé por enterado. «Es una persona muy equilibrada, doctor. Seguro que reaccionará civilizadamente», argumenta. Y aquí es donde tengo la obligación de advertirle de que no tengo tan claro como lo tiene él/ella lo de la «reacción civilizada» de la otra parte, porque, a veces, hay sorpresas. Es muy difícil predecir cómo encajan las personas esas impactantes noticias.

A la postre y metafóricamente hablando: las parejas han de saber qué compran y el precio que tendrán que pagar. «Para conocer el precio de algo, imaginad que lo habéis perdido», dice el sabio refranero popular.

Estábamos totalmente decididos a separarnos. Pero nos animaron a hablar con un sacerdote amigo de la familia. Todo hay que decirlo: lo hicimos un poco por cubrir el expediente, cara a los demás. En ningún momento pensamos que este buen hombre nos haría cambiar de parecer. Charlamos un par de tardes en su despacho pa-

rroquial. Era una persona muy agradable y con gran sensibilidad, que nunca nos habló de pecado ni de infierno; simplemente nos hacía reflexionar sobre lo que nos encontraríamos una vez separados. ¡Y fue definitivo! Hemos sopesado los pros y los contras, y nos hemos echado atrás: por el momento seguimos juntos. (Reflexión de una pareja decidida a separarse.)

Pero si luego deciden recomponer lo que estaba a punto de romperse, aquí sí que no valen arrepentimientos a medias. Si se plantea seriamente la reconciliación han de darse pasos decisivos. No hay vuelta de hoja y hay que ser contundente: el cónyuge que tenga la aventura extramatrimonial debe romperla de inmediato; el que tenga el hábito molesto (alcoholismo, drogadicción, ludopatía, etc.) debe dejarlo definitivamente; el que presente una enfermedad mental debe someterse voluntariamente a tratamiento, etc. Sólo así se demuestra la auténtica sinceridad de querer rehacer la vida en pareja.

No nos hablamos

Podría haber colocado este apartado en algún capítulo anterior, antes de la separación, porque esta incomunicación tanto se puede dar en una situación previa como posterior a la ruptura de la relación de pareja. Pero ya que la reseño aquí, aprovecho para volver a insistir sobre el problema crucial que mina los matrimonios: la falta de comunicación. Y le propongo un modesto test para ver cómo estamos comunicados.

Si queremos hacernos una idea cabal del nivel de relación que mantienen dos personas, vecinos, compañeros de trabajo o amigos, lo más directo es indagar el grado de comunicación verbal que tienen entre ellos. «Estamos siempre, a todas horas, charlando de nuestras cosas», expresa una magnífica relación con gran fluidez de comunicación; «Nos hablamos casi cada día, hasta un par de veces», es una relación muy amistosa; «Nos decimos hola y adiós, solamente», indica un mínimo de relación, puramente convencional; «No nos hablamos», es la incomunicación total.

Estas penosas situaciones de no dirigirse la palabra ya las hemos contemplado en anteriores apartados de este libro, cuando los cónyuges se convierten, por ejemplo, en dos extraños viviendo bajo un mismo techo. Pero, ahora las traigo a colación por las dificultades que entraña la falta de comunicación entre los ex cónyuges.

No es una escena inusual la de estos ex miembros de una pareja que coinciden forzosamente en un espacio físico próximo o limitado, porque tienen que acudir conjuntamente a un trámite burocrático, visita médica, tutoría en la escuela del hijo, entrevista judicial o bien tienen que traspasarse el niño para el fin de semana de turno en el rellano de la escalera. ¡Cuánta violencia y tensión en el ambiente! Evitan mirarse, se cruzan en total silencio, funcionando auténticamente como si uno y otro fueran invisibles. Porque sabemos que la situación es tensa y dolorosa para los protagonistas, porque si no, para un observador ajeno al caso, sería más bien cómica.

Es el mayor desprecio que se le puede hacer a una persona que no es un extraño para uno: no hablarle. Y el desprecio, no lo olviden, es una de las causas que genera mayor agresividad en quien lo sufre. La palabra antes que todo lo demás, como vigorosa fuente de vida. Cuando hablamos nos humanizamos, cuando no hablamos nos comportamos como animales. El pensamiento se organiza y se expresa en palabras, y cuando no hay palabras es que detrás no hay ningún pensamiento que se quiera expresar.

Aparte de lo incómodo que es no poderse comunicar directamente dos personas, y tener que hacerlo a través de terceros («Ya tendrás noticias mías por mi abogado»), la anómala situación da lugar a múltiples equívocos, simple y llanamente por falta de información puntual de primera mano. Los malentendidos se multiplican en una mezcla tragicómica de ceremonia de la confusión y juego de los disparates. Todo lo cual ahonda aún más si cabe el abismo de incomunicación entre los ex esposos.

> *—En veinte años de matrimonio, tú no me has comprado nada —le recrimina la esposa desairada al marido.*
>
> *—Ah, pero ¿tú vendías algo? —contesta distraído el marido sin levantar los ojos del periódico.* (Chiste sobre un matrimonio en mala relación.)

El no hablarse entre los ex cónyuges también juega malas pasadas cuando hay hijos por medio. Por ejemplo, cuando el niño está de vacaciones a cargo de uno de los progenitores y el otro no conoce el número de teléfono de donde está, ni le está permitido al hijo llamar al progenitor ausente. Es muy doloroso para una madre o para un padre no poder contactar con su hijo que lleva días fuera de casa o interesarse por el retoño especialmente cuando es pequeño. Oír a la persona querida tranquiliza, mientras que el silencio intranquiliza. Es un mal asunto cuando no nos hablamos.

Coléricos y caóticos amargados

Todos conocemos a personas separadas y recordamos los cambios que experimentaron tras su separación. «¡Hasta su semblante se ha transformado!», comentamos sorprendidos. Algunos en radiante positivo, otros en deslucido negativo. Aquel pariente tan afable y cariñoso, que se volvió de pronto huraño y antipático. Aquella amiga detallista que continuamente estaba pendiente de los demás, que bruscamente se convirtió en una persona descuidada y que parecía estar ausente de todo. Y eso en los casos suaves, reversibles en pocas semanas, que volvían pronto a ser los de siempre. Porque luego, todos sabemos de los que se han hundido en la más profunda desesperación, se han abandonado en su aspecto físico y rendimiento laboral, y ya no levantan cabeza.

Y aquella pareja que conocíamos de siempre y con los que nos apetecía ir a cenar cantidad de veces, porque nos gustaba tanto su manera de ser, por el amoroso y respetuoso trato que se tenían el uno al otro. ¿Qué ha pasado? Ahora, que se han separado, se insultan groseramente, sacan a relucir trapos sucios de su convivencia, ventilan sus intimidades más reservadas.

Ciertamente, quien se separa muestra unos cambios en sus actitudes comportamentales que tienen su raíz en el trasfondo emocional, en la integridad de su estructura mental y en la fortaleza de su personalidad. Un prototipo frecuente es el que denomino «ex cónyuge colérico», que nos llega a la consulta hecho un toro bravo —válido para los dos sexos—, despotricando de todo el mundo, con ganas de cargarse al que se le ponga por delante. Pero tengo que puntualizar que, en proporción, la mujer es claramente la más hostil. No sólo es la que está más colérica, sino que la intensidad de su enojo es más grande. Motivos tendrá.

Hay todo un numeroso colectivo de cónyuges separados y divorciados que se dedican a pulular de un consultorio a otro (psiquiátrico, psicológico, de mediación), para vaciar —o, más bien, vomitar— sobre el profesional que les atiende todos sus sapos, sus tremendos odios hacia el/la ex. Con un discurso que es prácticamente de piñón fijo, porque la retahíla de insultos y descalificaciones hacia el miembro ausente no sufre sustanciales variaciones de un día para otro, ni de un profesional a otro. Parece que se levanten cada mañana rememorando uno por uno toda la letanía de improperios que han de seguir manteniendo en mente. A estos seres les denomino «caóticos amargados», porque van por ahí despotricando del otro ex cónyuge y poniéndose ellos/as todas las medallas de la virtuosidad. Estadísticamente una cuarta parte de estas personas muestran conductas muy desorganizadas.

Claro que, frente a estos prototipos de ex cónyuges que optan por la tremenda, hay un numeroso colectivo que no se entretiene a mirar hacia atrás por el retrovisor de la acritud y, en cambio, manifiesta un sentimiento de optimismo, mezcla de esperanza y de ilusión hacia el futuro. Acostumbran a ser, obviamente, las personas que han decidido la separación.

El fenómeno frecuente de la persona negadora

La negación de la realidad es un mecanismo de defensa instintivo y primitivo que todos hemos utilizado más de una vez a lo largo de nuestra vida. De niños ante la situación embarazosa de haber roto el jarrón del pasillo, de adolescentes frente a unas calificaciones escolares deplorables, de mayores para negar una evidencia que nos es sumamente desagradable... Y aquí es una muestra la separación matrimonial.

Inmediatamente después de la separación, muchas personas adoptan inconscientemente una actitud defensiva de negación. Hay ex cónyuges tan desconcertados que tratan de ignorar la realidad y se repiten a sí mismos frases como «No puedo ser yo el protagonista de esta situación» o «No puede ser cierto lo que me está pasando». Llegan, incluso, a preguntarse si no será todo una pesadilla de la que quieren despertar.

La negación inconsciente de la dolorosa situación, sin embargo, tiene una finalidad, según explica mi colega Luis Rojas Marcos, al que traigo reiteradamente a colación en estas páginas:

> *Amortiguar el fuerte impacto que supone concienciarse de que la ruptura es irrevocable. Al mismo tiempo permite a los miembros de la ex pareja replegarse y protegerse hasta poder movilizar defensas psicológicas más maduras y adaptativas, tales como la racionalización o la intelectualización de los hechos, que permitirá la explicación de lo sucedido, o incluso culpar al destino. Mientras tanto, a la espera de que se adquiera este nivel de madurez, el mecanismo defensivo de negación de que hablamos será efectivo y los miembros de la ex pareja podrán mantener su rutina diaria como si nada hubiese pasado.*

Las personas «negadoras» experimentan pues la separación —por lo menos durante un tiempo— como algo irreal, como una especie de película en la que son simples actores y en la que el argumento no va con ellos. Pero hay que tener presente que la negación es un mecanismo de defensa temporal, que pronto resulta inefectivo y es reemplazado por emociones más reales y propias de la situación, como son: tristeza, miedo, ansiedad, odio, rabia, etc. Y tengo que advertirle que la represión de estas emociones naturales, como sucede en hombres y mujeres de carácter inhibido o sometidos a una fuerte presión educacional, que no se permiten experimentar ni exteriorizar el más mínimo rencor y hostilidad, termina a la larga por producir trastornos físicos y psíquicos, porque «internalizan» su rabia contra ellos/as mismos/as.

Entre los ex cónyuges más desgraciados se encuentran aquellos que son incapaces de enfrentarse a la confusión y el caos que irremediablemente siguen a la ruptura final. Son las personas que continúan negando lo ocurrido durante un largo tiempo y, como consecuencia, no pueden llegar a reconocer, aceptar y superar las emociones abrumadoras que les invaden y que son parte necesaria de este proceso que tienen que iniciar de reparación personal y de renovación del futuro.

En esta categoría de ex parejas desgraciadas también se encuentran aquellos miembros que se comportan de forma autodestructiva, motivados por el odio hacia sí mismos o hacia el otro; también la madre o el padre que se lanzan a una lucha salvaje por la custodia de los hijos, movidos más por el deseo de venganza que por el temor de perder a los vástagos; o aquellas ex parejas tan cegadas por el odio y el rencor que son incapaces de llegar a ningún acuerdo o compromiso... De alguna manera todas ellas son diversas formas de «negar» la realidad.

Cómo asumir la situación de «ex»

«El cargo que dura más en la vida es el de "ex"», le gusta decir a Francisco Umbral. Sobre todo cuando quien lo ostenta hace referencia al alto cargo que había desempeñado anteriormente: ex director, ex ministro, ex presidente, etc. En estos casos no se pierde ocasión de estamparlo en los membretes de las cartas y en las firmas, mientras que en otras situaciones más pedestres y frecuentes en la vida cotidiana, no es necesario colocarse el «ex» para fardar, como es en el caso de ser un ex empleado o ex trabajador (se dice que está jubilado o en el paro, y punto).

No obstante, hay una excepción en estas situaciones que cada vez es más corriente: la de ex esposo/a o ex pareja. ¡Y este «ex cargo» sí que imprime carácter! Incluso se dice que lo de que «hasta que la muerte nos separe» tiene mayor vigencia en los casos de separación y divorcio (pagos al «ex», litigios, disputas, etc.) que en la propia relación matrimonial. Es decir, que los ex esposos están más «unidos» después de separarse que cuando tenían vida en común. Y más de uno se siente liberado del yugo ex matrimonial cuando fallece el otro miembro de la relación ¡aunque a algunos siguen persiguiéndoles los descendientes del «ex» reclamándoles cosas!

Pero no recomiendo esperar «hasta que la muerte nos separe» para liquidar el infeliz recuerdo del ex cónyuge. Porque el mal recuerdo tiene un gasto de energía mental y a la larga pasa factura al organismo. Recomiendo encarecidamente a los «ex» encontrar una solución en vida para borrar de la memoria la imagen de la que en su día fue nuestra entrañable pareja y ahora ha dejado de serlo (quizá ya otra ocupa su lugar).

De lo contrario, si nos abandonamos en el cruel recuerdo y no podemos desprendernos de dolorosas vivencias, preñadas de odio y agresividad (que, además, en cualquier momento pueden generar violencia real de consecuencias irreparables), estamos condenados a sufrir el resto de nuestras vidas o, como mínimo, a consumirnos anímicamente. La depresión crónica nos acecha.

Le brindo una receta práctica para acabar con los malos recuerdos. La mejor manera de olvidar a un ex cónyuge es «matándolo», metafóricamente hablando, por supuesto. Y eso se consigue hablando bien de él/ella. Es una de las mejores maneras de deshacer el mal recuerdo del «ex» y convertirlo en buen recuerdo. ¿Cómo? Recordando únicamente las cosas buenas que tenía (¡que alguna tendría!) cuando salga en la conversación con los amigos, los hijos o con quien sea. La experiencia me demuestra que es precisamente el soporte negativo de nuestros recuerdos lo que los mantiene vivos. Si cambiamos el tercio, colocando una nueva pátina positiva, estas vivencias pierden su acritud y pueden mantenerse en el recuerdo sin que incordien o bien terminan por desvanecerse como azúcar en el agua.

Así conseguiremos alejar los malos pensamientos de nuestra mente y tener un recuerdo agradable del «ex», ahora ya difunto, psicológicamente hablando, claro está.

Vuelvo a casa de mis padres

Es una solución fácil. El recurso que tiene más a mano la pareja cuando se separa: regresar uno de los miembros o los dos a sus respectivos hogares de origen. Lo curioso es que estadísticamente buscan más el refugio en el hogar paterno los hombres —el sexo fuerte, se supone— que las mujeres. Así, más del 30 % de los maridos regresa a casa de sus padres, mientras que alrededor del 20 % de las esposas recurre al refugio afectivo o económico de los padres.

Pero ese retorno, a veces agrio, pero a menudo edulcorado, «a casa de papá y mamá», de una persona adulta, casada, que se ha separado de su pareja, no es un volver a empezar constructivo y positivo, sino una auténtica regresión, en el sentido que damos los psiquiatras: retroceso a etapas anteriores de la vida. Vaya, que nos empequeñecemos.

Y la situación se complica si el matrimonio roto tiene hijos, por lo que voy a contarle a continuación y que deseo sirva de advertencia a quien esté tentado/a de dar ese paso. Los padres que se separan deben saber que la solución fácil acostumbra a pagarse cara posteriormente. Ya que entonces, el hijo de este adulto que vuelve a la casa paterna ve convertirse a su madre o a su padre otra vez en niños que se dejan dirigir o dominar por sus propios progenitores. Y para los niños es importante que sus padres sepan conducirse por la vida como ciudadanos adultos.

Asimismo, el regreso del padre o de la madre a casa de sus progenitores sacude y cambia el escalón jerárquico de la familia, de tal manera que el hijo se encuentra, de pronto, con que sus padres han pasado a ser, artificialmente, «sus hermanos mayores». Pero unos «hermanos» golpeados por la vida, que ya no representan tanto modelos adultos con los que identificarse. Además, podemos encontrarnos con unos abuelos con ansias de ejercer de padres y unos nietos predispuestos a sentirse hijos de los abuelos. ¡Y ya la tenemos armada!

Así pues, una cosa es que una familia lateral (vea aquí la importancia de la red de parientes y amigos) o los propios abuelos presten un servicio esporádico al hijo/a separado con hijos, dando amparo a los niños en una situación crítica, y otra, siempre perjudicial, es que los abuelos se conviertan en los padres, que quieran educar a sus nietos, tomándolos por hijos. Quiero que quede claro que es tan malo que el niño vaya a casa de unos abuelos que censuran a su hijo/a por haberse separado, como que vaya a casa de unos abuelos que se alegran con la separación porque así podrán convertirse en padres.

Aunque todos estemos de acuerdo en que no es deseable regresar al hogar paterno en estas deplorables condiciones de indefensión e invalidez, hemos de admitir que en determinadas circunstancias puede ser una solución temporal permisible. Por ejemplo, si uno de los ex cónyuges se ha quedado súbitamente en plena soledad, porque el otro miembro de la pareja abandonó el hogar y el que se queda no tiene recursos económicos para tirar adelante la casa (y no hablemos si además se ha quedado a cargo de los hijos), es obvio que necesita ayuda, tanto de compañía y afecto, como crematística. Y para ello están los padres de uno, ¿o no?

Y no quiero terminar este apartado sin mandar un cariñoso aplauso —que seguro usted me secundará— a esa abuela viuda o a ese abuelo viudo que, a pesar de haber visto trastornar su apacible y jubilar vida con la brusca llegada de su hijo/a con maletas y prole para instalarse en su casa, que además ponen patas arriba, acepta plenamente la situación y se dispone a figurar sustitutivamente haciendo de padre o madre, en el lugar del yerno o de la nuera que ha desaparecido del mapa... aunque suspire, interiormente, para que esa situación sea temporal.

Por último, dejando de lado el tema de los hijos, que, obviamente, condiciona, como vemos, muchos regresos al hogar de origen; hay quien interpreta esta decisión de regresar al hogar paterno de un adulto en solitario como un evidente acto de inmadurez. Quizás estas personas, algo inmaduras, ya vivieron su educación de pequeños y luego su matrimonio como una «tutela». Es decir, que al volver a la casa paterna siguen tutelados por sus padres, ya que en su momento la «tutela conyugal» reproducía la «tutela paterna», en la cual siguen ahora. Y es bien cierto que muchos hombres vuelven al lado de papá y mamá porque no tienen ni la menor idea de cómo funcionar en solitario (¿recuerda cuando le hablé de los adultos que no querían crecer?). Como psiquiatra reconozco que es una lástima que la ocasión de separación, por lo menos, no sirva a estas personas para sentirse adultos y más libres, y desprenderse de una vez de esas «tutelas» regresivas.

Aparece una nueva persona

Después de tantas idas y venidas, tantas vueltas y revueltas, picoteando aquí y allá, en fiestas íntimas, lugares de copas y discotecas de moda, en ese estado de exaltación tan característico de quien se ha sentido reprimido/a durante tiempo, es lógico que pueda surgir una nueva persona que nos llene el vacío y dolido corazón.

Otros ya se separaron llevando una nueva pareja a cuestas —aunque fuese de «tapadillo»—, que quizá fue el motivo primordial de la separación, y se limitan ahora a consolidar abiertamente la situación que antes llevaban a escondidas. Pero aquí quisiera hacer notar que ése no es un motivo tan frecuente como se supone. «¡Oh, era de esperar!... seguro que había una tercera persona», comenta maliciosamente la gente. Y no es cierto.

Son contadas las separaciones que se producen porque «el tercer hombre» (o tercera mujer) ronde y perturbe la relación de la pareja estable. Lo más probable es que alguno o ambos miembros de la pareja en vías de desavenencia estén más receptivos a incorporar en su íntimo espacio emocional a alguien que les diga cosas bonitas. Y así, paulatinamente, a fuerza de suspirar y de apoyarnos en el hombro de otro/a, aparece la nueva persona... (por algo advierte desde antiguo el Eclesiastés: «No dejes que mujer casada llore en tu hombro»).

En esto de buscar a una nueva persona que nos dé el apoyo afectivo que nos ha volado, los hombres somos más proclives que las mujeres. Nos cuesta estar solos y necesitamos una mujer a nuestro lado. Mientras, la mayoría de las mujeres decide: «¡Los pantalones, lo más lejos posible!», por lo menos durante un tiempo...

Pero, a la corta o a la larga, la soledad incomoda a la persona que se ha acostumbrado a vivir en pareja. Y además volver a tener pareja es saludable, física y psíquicamente hablando, porque lo que de verdad busca la mayor parte de quienes se separan no es la libertad, la independencia o la gratificación egoísta, sino el retorno al saludable estado de emparejamiento feliz.

> *Estoy tan desesperado y tan desanimado, y me ha pegado tantos golpes la vida, que ya no tengo ganas de enfrentarme con nada ni de luchar más en solitario. De tal manera que si mi mujer se va con otro... ¡yo me voy con ellos!*
> (Chiste sobre un marido acomodaticio.)

Aparte de que los médicos ya sabemos que hay mayor supervivencia estando casado, porque numerosos estudios han demostrado que los miembros de las parejas rotas tienen una mayor predisposición a sufrir enfermedades: hipertensión, úlcera de estómago, colitis, ataques cardíacos, ansiedad y, sobre todo, depresión; no obstante, todavía no está muy claro si todas estas aflicciones corporales, psíquicas y somáticas son el resultado directo de la ruptura o ya estaban presentes con anterioridad.

Lo que es muy probable —como insistiré más adelante— es que el ex cónyuge que no ha establecido una nueva relación amorosa, y que se sienta relegado y marginado, encuentre un blanco idóneo para sus iras y sus celos en la nueva persona que ha conocido su «ex». ¡Le pondrá todos los palos que pueda en las ruedas! Y hay que saber «desactivar» con tacto estas nuevas situaciones conflictivas. Por otro lado, las relaciones amistosas que puedan establecerse entre un ex cónyuge y el que le sustituye en la pareja son poco comunes, pese a la apariencia de un tono civilizado que siempre tiene que estar presente.

> *—José, mi nuevo novio dice que quiere casarse conmigo —le comenta la ex esposa al ex marido.*
>
> *—¡Ah, sí! ¿Quieres una carta de recomendación? —contesta irónico el ex marido.* (Chiste sobre ex cónyuges.)

Lo que sí que está bien claro es que la mayoría de los adultos que se emparejan de nuevo están contentos con el paso que han dado, incluso reconocen que emocional y sexualmente se encuentran mejor que en su anterior matrimonio. También parece ser que la nueva relación provoca una significativa maduración psicológica de los nuevos miembros de la pareja. Pues, a la vista de estos datos: ¡bienvenida sea la nueva persona!

Y va pasando el tiempo

Lento y penoso para algunos, rápido y fugaz para otros, ya se sabe. La perspectiva de los ex cónyuges va cambiando con el paso del tiempo. Los ánimos se templan y los acontecimientos de cada día se ven más desapasionados.

Veamos qué sucede, estadísticamente, a los dos años de separación. Para empezar, tanto hombres como mujeres aprueban más que desaprueban la ruptura de su relación, mientras que en los primeros dos meses de separación la cosa no estaba tan clara. No obstante, cabe señalar que, en ese par de años, hay más mujeres que valoran con ansiedad el matrimonio que han perdido; cosa que no valoraban tan negativa inicialmente e, incluso, la mayoría de ellas tenía entonces una visión positiva de la disolución de su vida en pareja.

Otro dato a tener en cuenta —¡y de agradecer!— es que con el tiempo el fragor de los enfrentamientos entre los «ex» va remitiendo. Cada uno de los miembros de la ex pareja es más cauteloso al hablar del otro. El hombre, más que la mujer, demuestra abierta amistad o sentimientos afectuosos hacia su anterior cónyuge. Incluso un pequeño número admite que aún sigue enamorado/a y desearía casarse otra vez con la misma persona. ¡Ay, la fuerza del amor!

Después de estos dos años, la mitad de los hombres y una tercera parte de las mujeres ya no sienten amargura acerca de la separación, aunque un elevado número de hombres y mujeres han recibido apoyo médico-psicológico durante este tiempo. La mitad sufre algún tipo de depresión (pero he de hacer constar que en algunas personas ya existía antes de la separación). Las causas son distintas según el sexo. En la mujer, la depresión suele aparecer al sentirse abandonada o abrumada por las responsabilidades domésticas, especialmente cuando tiene hijos a su cargo; mientras que en el hombre el núcleo causal es el sentimiento de pérdida del matrimonio y/o de la vida familiar, particularmente el menor contacto con los hijos. Una quinta parte de las mujeres y los hombres continúan enojados, se enfrentan con violencia y libran encarnizadas batallas en los juzgados.

¿Cómo siguen a los cinco años de separarse? Los ex cónyuges han vuelto a casarse o a separarse, tienen nuevos problemas y nuevas alegrías, así como nuevos trabajos y otros hijos. Estadísticamente, casi la mitad de los ex esposos habrán vuelto a casarse en el período de cuatro años. Y, en general, la mujer casada de nuevo es más entusiasta que el hombre respecto a la nueva situación en que se encuentra.

Tras cinco años de separación, la mayoría de los hombres y algo más de la mitad de las mujeres viven la fractura marital como un hecho beneficioso, con un sentimiento de que ha mejorado la calidad de sus vidas. También la mayoría de los ex cónyuges continúan comunicándose entre ellos, y la mitad lo hace con frecuencia. No obstante, tengo que advertir que habitualmente este contacto no implica amistad. La mujer sigue estando significativamente más irritada o enojada que el hombre, y también ellas mantienen una actitud menos amistosa que la que los hombres tienen respecto a sus ex esposas.

Ha llegado el momento de reestabilizar sus vidas. Es en el tercer año de postseparación cuando la mayoría de las mujeres asume una nueva coherencia y estabilidad, mientras que la mayoría de los hombres efectúa este paso dentro del segundo año. La edad de la persona no es un factor fiable para predecir el tiempo que requiere la mujer para alcanzar su estabilidad psicoemocional, pero sí que lo es para el hombre. De tal manera que —con la estadística en la mano— el varón de 43 años o más se reequilibra más rápidamente y acostumbra a hacerlo dentro del primer año. Esos hombres a menudo han llevado la iniciativa de la separación y suelen ser brillantes profesionales.

Sin embargo, la experiencia me confirma que el más fiable pronosticador del tiempo necesario para recuperarse es el estado psicológico del adulto, aunque también intervienen otros factores, como la pobreza, la excesiva tramitación legal y los odios extremos. No hay que olvidar que aproximadamente un 30 % de los hombres y un 40 % de las mujeres no alcanzan a los cinco años la estabilidad psicológica y social, ya que para algunos la desorganización psicoemocional empieza, precisamente, con la separación. Pero a la vista está que la mayoría de los adultos funciona razonablemente bien a los cinco años de separación. Durante ese tiempo se han reducido o desaparecido totalmente los síntomas neuróticos que manifestaban, las depresiones, el alcoholismo y otros trastornos psíquicos.

En conclusión: la mayoría de los ex cónyuges se sienten mejor que antes aunque, como es de esperar, hay unos cuantos/as que siguen pasándolo mal, con la soledad y el rencor omnipresentes en sus vidas.

¿Vale la pena casarse de nuevo?

Opino que sí, ¿y usted? Muchos lo aconsejan, por algo será. Y hay voces muy autorizadas, con resonancias bíblicas: «No es bueno que el hombre esté solo» (y decir hombre, es también decir mujer). Ya le he dejado escrito antes que vivir en pareja o matrimoniar es muy saludable.

Por de pronto, algo tendrá el matrimonio o el hecho de vivir en pareja, porque la gente que lo ha probado y no le ha ido bien vuelve a probarlo una y otra vez... ¡y dale que dale! Lo curioso es que mientras el 90 %, aproximadamente, de los hombres que se divorcian vuelven a casarse, entre las mujeres no llega al 80 % las que se casan por segunda vez.

Claro que, luego, los segundos matrimonios se divorcian más. Al menos en Estados Unidos la tasa de divorcios en las segundas nupcias es un 10 % más alta que en el primer matrimonio. Y esos datos extrapolados al colectivo infantil de Estados Unidos nos hacen prever que uno de cada diez niños norteamericanos va a experimentar dos divorcios antes de cumplir los 16 años.

¡Pero eso no tiene que echar a nadie atrás! Cuando hay voluntad de reconstruir la vida de pareja, no hay que buscar los índices de desgracias en el anuario estadístico, lo que hay que buscar es la nueva media naranja, ¿o no?

Curiosamente, entre los hombres divorciados, el 90 % vuelve a casarse con mujeres solteras, mientras que en el caso de las mujeres divorciadas sólo el 60 % elige hombres solteros en su segundo matrimonio (me pregunto si el 40 % restante los prefiere con pedigrí de experiencia matrimonial). Lo que está bien demostrado es que el hombre tiende a casarse y divorciarse varias veces más que la mujer.

Pero ¿para qué volver uno/a a complicarse la vida junto a otra persona? Hay múltiples razones, de índole práctica, moral, etc., pero hay una muy simple y pedestre que a mí particularmente me encanta: que alguien se preocupe de nosotros cuando llegamos tarde a casa, ¿no le parece una buena razón? No le dé más vueltas: los seres humanos necesitamos compañía. ¡Que sí, que es muy triste estar solo/a y no sentirse querido/a ni contar para nadie! Y a todo ello, además, una cosa es la soledad elegida y buscada ex profeso y otra, muy distinta, la soledad obligada, no escogida.

«El pájaro tiene el nido, la araña la tela, el ser humano la amistad», decía melancólico el poeta y pintor británico William Blake. Pienso que a los ciudadanos de Estados Unidos les debe coger con facilidad morriña, porque cuatro de cada cinco personas casadas vuelve a casarse. Así, si subimos un escalón más en la amistad y nos enamoramos, miel sobre hojuelas. Y del amor apasionado, carnal y sensual de los primeros tiempos de la vida matrimonial, luego continuará el mismo amor, pero algo más reposado, impregnado de ternura y compañerismo.

Estas aparentemente diversas etapas que de hecho se dan en un mismo y único amor es algo cronológicamente natural. Confiesa Ray Loriga, escritor y director de cine: «Sólo he estado enamorado de una persona. Apostar a un solo número es arriesgado, pero la ganancia es siempre mayor.» La antropóloga Margaret Mead en una ocasión, refiriéndose a las sucesivas y distintas relaciones de pareja que se pueden plantear, puntualizó: «La primera relación busca el sexo; la segunda, los hijos, y la tercera, la compañía.» Y quizás esta última hace realidad aquel dicho popular de que «El amor no se manifiesta en el deseo de acostarse con alguien, sino en el de dormir junto a alguien».

Claro que cuando un progenitor tiene hijos a su cargo y surge en su vida una nueva persona que reanima la llama del amor, indica una madurez el sopesar sosegadamente la situación, en vez de lanzarse sin pensarlo a los brazos del amado/a. Hay padres —madres, preferentemente— que temen incorporar una nueva pareja en casa por miedo a otro fracaso y con el gran interrogante de «¿Cómo lo vivirán mis hijos?». Otros progenitores tienen bien claro su particular orden de prioridades y dicen que no iniciarían una nueva relación si no fuera del agrado de los hijos, pero aquí hay el potencial peligro de que el adulto hipoteque su futuro a las decisiones e indecisiones de los hijos. Con todo, este apasionante capítulo de reconstrucción de familias no voy a tocarlo aquí: lo dejo para un próximo libro.

Cuando uno de los ex esposos establece una nueva relación, es frecuente que se creen conflictos generados por el otro «ex». Así, mientras los dos ex cónyuges permanecían «solteros», con puntuales y efímeros ligues, sin ningún movimiento amoroso estable, había como un tácito pacto de neutralidad entre los ex miembros de la pareja; pero, a la que se desmarca uno de ellos, surge un furibundo ataque de celos por parte del «ex» que continúa «soltero/a y sin compromiso».

> *—Doctor, ¿no podría usted animar a mi ex esposa a que se busque un novio? Estamos seguros, mi actual pareja y yo, de que si ella tuviese ahora un amor no nos estaría incordiando como nos incordia...* (Deseo frecuente de las nuevas parejas.)

La resolución de estos conflictos está siempre en función de la actitud de los nuevos/as incorporados a la relación de pareja y de la fragilidad o fortaleza de los vínculos del nuevo compromiso.

> *—¿Vendrá usted a la terapia familiar sola o con su ex marido? —se pregunta a una mujer separada desde hace seis años con un niño de 5 años a su cargo.*
>
> *—Sí, sí, vendré con mi ex marido —contesta la mujer.*

—*¿Pero vendrá su ex marido solo o con su actual pareja? —insiste el terapeuta.*

—*¡Con su pareja: me fío más de ella que de él! —responde categórica la mujer.* (Propuesta de sesión de terapia familiar.)

Hemos visto, pues, las ventajas de volver a casarse. ¡Anímese a dar el paso! Y actualice sus ideas si usted es una persona creyente sobre la nulidad matrimonial que confiere la Iglesia a las parejas que reúnen las condiciones para ello... y no se trague el bulo de que las nulidades son sólo para ricos y famosos. Si usted no tiene suficientes recursos económicos o es insolvente, no se preocupe: los tribunales eclesiásticos se lo hacen de balde. Ya le he dado algunos datos al respecto en un anterior capítulo. Pregunte a quien corresponda, y quizá se encuentre con la sorpresa de que le digan: «En muchos casos es más fácil conseguir la nulidad que el divorcio», como me comentaba hace poco una alta jerarquía eclesiástica del Tribunal de la Rota.

CAPÍTULO VIII

Matrimonios que perduran: algunas claves para la convivencia

Creí mi hogar apagado / removí las cenizas / y me quemé la mano.

ANTONIO MACHADO

Investigando las relaciones que funcionan bien

Hace escasos años un escritor y psicólogo de la Universidad de Washington, John Gottman, estudioso de los temas de familia, se empecinó en la idea de investigar a los matrimonios que tienen éxito y perduran, e intentó descubrir cómo lo consiguen. Leí por primera vez sus interesantes conclusiones en la revista *Newsweek*, y ahora hago un extracto de las mismas para el lector.

Gottman se inició en la difícil tarea de cuantificar cosas intangibles que están en la relación de pareja, como, por ejemplo, la emoción, el desinterés, el enfado, etc. A los voluntarios los controlaba a través de sensibles instrumentos que medían la tensión arterial, el ritmo cardíaco, la transpiración, etc. Como resultado elaboró un minucioso «mapa emocional» de cada uno de los miembros de la pareja.

Este autor detectó que las riñas, curiosamente, no son los sentimientos más destructivos para el matrimonio, capaces de socavar la convivencia. Los auténticos demonios de la relación (Gottman los llama «Los Cuatro Jinetes del Apocalipsis») son: la crítica, el desprecio, estar a la defensiva y encerrarse en uno mismo.

En sus estudios señala que las parejas felices tienen un conocimiento minucioso del mapa emocional de cada uno de los cónyuges, que les ayuda a una correcta «conducción» por los vericuetos de la vida matrimonial sorteando los obstáculos. Desmiente también la idea tan extendida de que hombres y mujeres proceden de dos mundos emocionalmente muy distintos (el tópico de las diferencias entre Marte y Venus). Según sus investigaciones, las diferencias de género pueden contribuir a que haya problemas matrimoniales, pero no son la causa. Prácticamente el mismo porcentaje de los hombres y mujeres que entrevistó contestaron que la calidad de la amistad entre los esposos es el factor más importante de satisfacción matrimonial.

Otro hallazgo de este psicólogo es que las parejas felices hacen continuos esfuerzos para evitar que los conflictos cotidianos se desborden.

Los matrimonios felices constituyen lo que Gottman denomina «una casa con buenos cimientos», en la que ambos cónyuges participan conjuntamente en las tareas domésticas y cada uno aprecia lo mejor del otro. Aprovecho aquí la aportación de este psicólogo para insistir en una cuestión semántica que se utiliza mucho en el lenguaje coloquial y que me preocupa por lo que implica: me refiero a la expresión —que animo a desterrar a partir de ahora— de que un cónyuge «ayuda» al otro, ya que entonces se da por sentado que hay un miembro «titular» en las tareas domésticas cotidianas y otro que actúa de «ayudante», cuando no de auténtico «suplente».

De esta investigación también han salido técnicas de terapia que el equipo de Gottman pone en práctica en su departamento universitario. Por ejemplo, una de gran sentido común llamada «terapia de aceptación». Consiste en alentar a las parejas a que aprendan a vivir con los aspectos del carácter del cónyuge que, sencillamente, no van a cambiar nunca. De esa manera consiguen amarse por lo que tienen en común y, además, por lo que los hace complementarios. Este psicólogo enfatiza que en las terapias se encuentran una y otra vez con que en la base de los problemas matrimoniales hay falta de voluntad para aceptar las diferencias.

Al respecto le voy a contar una anécdota que aconteció en casa de un matrimonio que celebraba festivamente sus cincuenta años de casados, es decir, sus bodas de oro:

> *—El día en que me casé, decidí hacer una lista de diez defectos de mi marido a los que por el bien del matrimonio haría siempre la vista gorda —explicó la esposa homenajeada a su grupo de invitados.*
>
> *—¿Cuáles eran esos defectos a los que le había parecido bien no hacer ni caso? —le preguntó intrigada al despedirse al final de la fiesta una joven casada cuyo matrimonio había pasado unos baches.*
>
> *—Si quieres que te diga la verdad, querida, nunca llegué a apuntarlos. Pero cada vez que mi marido hacía algo que me ponía furiosa, me decía a mí misma: «¡Qué suerte tiene el muy granuja: ése es uno de los diez!» —le confesó la feliz esposa cogiendo cariñosamente del brazo a la joven casada.*

Obviamente, para llevar a efecto esta sencilla técnica para preservar la convivencia, es imprescindible que la mujer esté totalmente enamorada de su marido, y viceversa.

¿Me perdonas haberte sido infiel?

Cuando alguien me dice que en su relación de pareja han optado ambos, de común acuerdo, por ser libres en cuestiones de sexo y poder ir cada uno por su lado haciendo el amor con quien le apetezca, y que eso no menoscaba su relación amorosa, simplemente: ¡no me lo creo!

Por más que se precien de modernas esas parejas libertarias del sexo y aunque se den casos de aparente «entente» entre cónyuges en materia de sexualidad extramatrimonial, la realidad es que en la mayor parte de las relaciones la infidelidad se considera el colmo de la deslealtad, y no sólo resulta inaceptable, sino que conduce a la ruptura de la pareja.

Para comprender el enorme impacto que causa una aventura, aun aislada, debemos retomar los significados simbólicos que le comentaba en un apartado anterior: la ley del todo o nada. Así, mientras que para el cónyuge que «hace el salto» ser infiel puede significar sencillamente volver a disfrutar de la variedad de relaciones vividas en la etapa previa al matrimonio, para el cónyuge que ha sufrido «el salto» la infidelidad es un ataque directo a la propia relación, una burla del supuesto compromiso mutuo (que de manera implícita o explícita incluye la fidelidad).

Además de las implicaciones morales de la infidelidad, el acto en sí incide tan profundamente en la estructura de la relación, en la propia imagen y confianza del compañero/a, que puede resultar destructivo incluso para una relación que goza, por lo demás, de una base sólida. Por otro lado, para una relación que ya es tambaleante, la infidelidad puede sonar a toque de difuntos.

—Pero ¿cómo se lo digo? —pregunta un marido infiel al terapeuta, para que le oriente sobre cómo explicárselo a su esposa.

—Lo mejor es que no le diga nada —le responde el terapeuta.

—¿Por qué, si nos tenemos total confianza? —insiste el azorado marido.

—Precisamente por eso, porque corre el riesgo de perderla para siempre... —le va argumentando el profesional. (Fragmento de una sesión de terapia.)

Ciertamente, aunque los cónyuges se hayan jurado sinceridad en todos los trances de su vida matrimonial, en lo que respecta al sexo hay que ser muy cautos y prudentes. La mujer no tiene por qué entender las «razones» varoniles, ni de supuesta hombría, ni cualquier otro «atenuante» que pueda esgrimir el hombre en su defensa. Para ella, que pone toda su capacidad sexual al servicio de un conjunto de intereses más trascendentes, como es el amor-ternura de la pareja, que lo engloba todo, resulta difícil entender esa dicotomía entre sexo y amor que el hombre le propone.

Para el cónyuge engañado, en general, es como si su estructura vital hubiera sufrido daños irreparables. Le invaden dudas acerca de sus propios atractivos, méritos y suficiencia. Tristes pensamientos les embargan: «Es evidente que de algún modo he fracasado», «Ya no le atraigo como mujer (o como hombre)». Estos consortes, al verse despojados del preciado bien de la fidelidad, sienten una profunda herida en su más íntimo orgullo. Por tal motivo, con frecuencia observo y me sorprende en las consultas la permanencia fresca, muy fresca, de estos hechos en el recuerdo del cónyuge ofendido, que parece que rememora algo que ha acontecido hace cuatro días. Aun cuando el puntual hecho de infidelidad ha ocurrido muchos años antes y la vida matrimonial aparentemente ha vuelto a su armonioso cauce, quien fue víctima puede seguir haciendo alusiones punzantes al suceso muchas décadas después.

«¿Me perdonas?» ¡Y por qué no! Si de verdad el cónyuge ofensor es sincero en su voluntad de no volver a ser infiel, comprende el daño que ha hecho a su pareja y quiere rehacer su vida matrimonial, es justo darle otra oportunidad.

Una personalidad carismática y una guía moral del mundo actual, de reconocido prestigio tanto para creyentes como para no creyentes, el Papa Juan Pablo II, es concluyente: «¿Qué sería un amor que no fuera capaz de llegar hasta el perdón?»

Cómo borrar las infidelidades

Claro que será sin duda una ardua labor de conjunto, en la que ambos cónyuges han de poner lo mejor de sí mismos para borrar cualquier vestigio de desconfianza, mostrando fehacientes pruebas de seguir enamorados y que el episodio de infidelidad fue simplemente una aventura aislada, sin mayor trascendencia. Pero ¿se puede borrar del todo?

La buena memoria de uno puede ser un hándicap en estos casos de infidelidad. Pero, por suerte, el desengaño o decepción se apoya principalmente en dos pilares: el recuerdo y la interpretación de los hechos, y ambos surgen de una apreciación a menudo muy subjetiva. Ya don Miguel de Unamuno señalaba que con los recuerdos mueren los desengaños. Y si nos aplicamos un poco, con voluntad de borrar lo que no interesa recordar, sin duda lo conseguiremos.

El autor de *Con el amor no basta*, mi colega norteamericano Aaron T. Beck, aporta unas agudas reflexiones sobre cómo superar las peliagudas situaciones que generan las infidelidades. Vea algunas, que comparto totalmente. Señala, por ejemplo, que, sin perdonar ni aceptar la infidelidad, el cónyuge ofendido puede intentar tomar una nueva perspectiva de su trauma. Explica que el pensamiento polarizado del todo o nada hace que el cónyuge que se cree traicionado perciba, con toda probabilidad, la situación como una amenaza frontal al matrimonio. Y la percepción de lo sucedido acostumbra a ser sobredimensionada. Eso acontece, en particular, en los casos en que un miembro de la pareja ha tenido, por ejemplo, una sucesión de salidas nocturnas, independientemente de las razones que haya alegado (citas de negocio, cenas de trabajo, etc.).

Por supuesto, importa reconocer que la amenaza no es imaginaria, ya que una sola aventura amorosa «puede» desarrollarse y transformarse en algo mucho más duradero y hacer peligrar la integridad del matrimonio. Sin embargo, el miembro traicionado de la pareja puede reaccionar a cualquiera de esas ofensas como si fuera un riesgo mayor.

En la práctica veo con frecuencia que las parejas buscan asesoramiento profesional urgente tras descubrir una infidelidad. Cuando ésta es un síntoma de un conflicto en el matrimonio, el experto que intervenga en el caso puede ayudar a la pareja a desentrañar sus problemas y reducir así la probabilidad de que se repita un acto semejante.

Algo común en los asuntos de infidelidad es que la perspectiva del cónyuge ofendido se desplaza de tal modo que el miembro ofensor se le antoja íntegramente malo. Cada acción suya, incluso las más simples de la vida doméstica, se interpreta de nuevo a través de esta perspectiva deformada. De pronto, las cualidades que antes habían sido admiradas son ahora negativas, superficiales o decepcionantes.

Así, una de las principales acciones que aconsejo debe

desarrollar el profesional que lleva el caso, consiste en intentar reestructurar la perspectiva que el cónyuge agraviado tiene del compañero ofensor, colocándole en una posición lo más objetiva posible para que contemple de nuevo la situación y acabe formulándose esta personalísima pregunta: «¿Es esta ofensa realmente un pecado imperdonable?»

También es importante desde el punto de vista práctico «descatastrofizar» el suceso. Si ambas partes tienen auténtico interés en remediar la situación, hay que analizar conjuntamente por qué ha acontecido la infidelidad, con el arbitraje del profesional mediador. Es preciso ser valientes y sincerarse a fondo, porque hay mucho en juego y no se puede tirar todo lo bueno que se ha ido generando, a base de cariño y sacrificio, en la vida matrimonial. Se deben ventilar los fallos de comunicación y de relación afectiva en que haya incurrido la pareja y proponer soluciones conjuntas.

Sólo así se está en condiciones de llegar a un acuerdo, ya que si el cónyuge que ha cometido el fallo tiene la sincera intención de dedicarse a mejorar su relación de pareja, no buscará satisfacciones fuera del matrimonio. Meternos en la piel del otro, comprender sus reacciones (que no significa admitirlas) ante una determinada y puntual situación, supone que nos identificamos con nuestro cónyuge (ahora ex ofensor) y nos sentimos dispuestos a perdonar. No olvidemos: el perdón es esencial para la reconciliación.

Lo que hay que hacer y lo que no hay que hacer en el matrimonio

Voy a enumerarle a continuación algunos puntos que he ido entresacando de conversaciones con gente, entrevistas médicas, libros, artículos y conferencias, y de los que luego he contrastado su vigencia con la experiencia profesional de a diario. No voy a decirle nada nuevo y la mayoría de estas ideas ya le sonarán porque las habrá leído en las páginas anteriores. Tampoco pretendo ofrecerle un decálogo de buenas intenciones, sino unas simples estrategias que funcionan si se ponen en práctica. Empecemos por lo que hay que hacer —¡y lo mejor posible!— en la vida de relación.

- Tener siempre los esposos la posibilidad de comunicarse cara a cara.
- Esforzarse en entender los mensajes, verbales y no verbales, que quiere transmitir el otro cónyuge y saberse poner en su lugar: lo que se conoce como empatía.
- Tener en cuenta y resaltar las cualidades positivas del otro consorte y procurar minimizar las negativas.
- Elaborar proyectos comunes haciendo coincidir los mutuos intereses y saber negociar las divergencias.
- Ofrecer apoyo emocional y respaldo moral a las decisiones y soluciones de problemas que tenga plateados el otro cónyuge.
- Considerar cada esposo como propias las funciones domésticas, disfrutando de las mismas y de la vida cotidiana en el hogar.
- Adelantarse en satisfacer las necesidades y pequeños gustos del consorte, sin olvidar los aniversarios.
- Utilizar la información (¡privilegiada!) que tiene cada uno de los cónyuges sobre los sentimientos más íntimos del otro, siempre para favorecerle.
- Encarar la vida con optimismo, y también realismo, haciendo lo más amena posible la convivencia.
- Amarse y respetarse, aportando continuas muestras de que existe seguridad y solidez en los vínculos establecidos.

Pasemos ahora al otro lado de la vida de relación, la cara oscura de la convivencia, que también usted la conoce porque la hemos ido desgranando a lo largo de este libro. Aquí tiene, pues, unas cuantas ideas de lo que no debe hacer, si no quiere pegarse un trastazo...

• Guardarse un cónyuge las quejas y volverse rencoroso.

• Caer en escaladas de malos entendidos y enfrentamientos, con las consiguientes «represalias» siempre superiores a las «ofensas».

• Perder el respeto por el consorte, pasando a las vejaciones, desprecios y humillaciones (luego, todo ello, muy difícil de olvidar).

• Exigir al otro cónyuge una mayor «perfección» en sus cometidos y ser mucho menos tolerante con sus «errores» de lo que somos con otras personas: se exige mucho más al consorte que a un profesional en su tarea laboral.

• Olvidarse de todo lo bueno que se ha ido construyendo en la vida en común hasta el momento.

• Tener excesivo afán de protagonismo y ansia de competir en habilidades, tanto en el ámbito doméstico como el profesional.

• Sentirse como el único de la pareja que «hace cosas» y que se «sacrifica» por el hogar y la vida matrimonial.

• Abandonarse en la línea del afecto y del agrado, descuidando los detalles y/o el aspecto físico (en la medida que desagrade al otro cónyuge).

• Dar muestras de infidelidad o motivos de desconfianza al otro consorte.

• Creer, sin argumento, que nos hemos equivocado al elegir al cónyuge y creer que con otra persona las cosas marcharían mejor.

Saber vivir en pareja

Al final de una conferencia en la que hice referencia a la educación sexual que se imparte en las escuelas, en el coloquio, un padre de familia me espetó que le parecía correcto que se informara a los alumnos para que sepan de cuestiones sexuales, pero que notaba una falta total de información escolar para que los alumnos sepan el día de mañana vivir en pareja; es decir, que para él nadie impartía educación matrimonial. Y me hizo reflexionar esta intervención. Aquel padre dejaba en evidencia un vacío informativo —en el que él también tenía su cuota de responsabilidad como padre, obviamente— en una importantísima materia que de alguna manera llenaría la mayoría de años de las vidas de sus hijos: la relación de pareja. Quizás este libro, en que ya estamos dando los últimos coletazos, sea fruto de la inquietud que me creó en su día aquel buen hombre que estaba en la conferencia.

Ciertamente, saber vivir en pareja no se enseña en ninguna parte. Se aprende en la práctica, a base de continuos tropiezos y caídas, y también aciertos, que los hay. Aprendemos, pues, en el día a día de la convivencia. Un terapeuta familiar alemán escribió hace unos años estas sensatas palabras:

> *Tenemos que fomentar y conservar una cultura y un clima familiar que haga posible que cada uno aprenda del otro y madure psicológicamente con los demás y a través de ellos, en un maravilloso proceso de individualización y desprendimiento común.*

Y en la vida de relación no sólo nos intercambiamos «vitaminas» que nos aportan mutua energía psicológica, sino que también nos apuntalamos recíprocamente la salud física. ¿Sabía que el estado de salud de su cónyuge es predictor de cómo está el suyo? Esto quiere decir que se ha demostrado científicamente que cuando una persona supera la edad media de la vida (tiene más de 50 años) y tiene buena salud, es más probable que su pareja también la tenga que si, en cambio, la salud de esa persona es precaria. ¿Cómo no va a existir cierta correlación entre la salud de una pareja si por regla general comen y beben lo mismo, respiran el mismo aire e incluso los mismos malos humos, conviven con los mismos gérmenes domésticos, y están sometidos a similares tensiones con los hijos y demás familia?

Pero, siempre será bueno que nos «contaminemos» mutuamente porque estemos cerca el uno del otro. Debemos, pues, ganar tiempo al tiempo para dedicarlo a nuestros respectivos cónyuges. Como decía a los padres el anciano pediatra estadounidense Berry Brazelton: «Cuando esté en el trabajo, trabaje. Cuando esté en casa, esté en casa. Aprenda a conservar energías en el trabajo para estar preparado a la hora de llegar a casa.» Sabio consejo... y qué poco se cumple.

¿Cómo nos repartimos las tareas domésticas? Ya le he dicho algunas cosas en el apartado dedicado a la labor en equipo. Es obvio que si queremos hacer bien la división del trabajo hay que sentarse y hablar. Cada uno de los cónyuges ha de asumir las acciones más acordes con sus posibilidades personales, de manera que lo que haga uno por su lado complemente y enriquezca lo que haga el otro por el suyo. Sin que uno esté por encima del otro. Nadie ha de ver en esa labor en equipo una competición de habilidades. No se trata, pues, de ver quién es el mejor en la parcela a su cargo, para luego echárselo en cara al otro.

Oiga, cada vez que llego a casa, cansado y agobiado por el trabajo en el despacho, me sale ella con las chorradas que le han pasado durante el día: que si han subido los precios en el mercado, que si se ha estropeado la lavadora, que si ha ido a la farmacia a por las medicinas de su madre... ¿Es que no se da cuenta de que yo tengo cosas demasiado importantes en la cabeza como para poder distraerme escuchando esas tonterías? (Queja frecuente de un marido muy trabajador.)

Tampoco se trata de «investir» de un «significado trascendente» las labores con que se responsabiliza cada uno de los cónyuges, de manera que si uno falla por alguna razón, se produzca un descalabro en la convivencia como si hubiese fallado la propia relación matrimonial. Estará de acuerdo conmigo en que somos mucho menos tolerantes con los errores de la pareja de lo que lo somos con las equivocaciones de otras personas que están en nuestros entorno: colaboradores del trabajo, personal de servicio, etc. Seamos, pues, condescendientes y comprensivos. Donde no llega uno, llega el otro. Eso es funcionar en equipo.

Invertir tiempo en comunicarse con la pareja es muy rentable. La fluidez de comunicación entre los cónyuges —incluso en circunstancias difíciles de relación— elimina la carcoma de los malentendidos y puede evitarnos desagradables sorpresas.

Aunque las parejas se quejan de que no pasan suficiente tiempo juntos, los problemas residen en «cómo» pasan el tiempo, aunque sea escaso, cuando están juntos. Es una cuestión de calidad del tiempo en común. Si lo consumen discutiendo acaloradamente, poco provecho sacarán de estar juntos y, además, estarán dañando su relación.

Pero más destructivo aún es que no pongan atención en complacerse mutuamente en los momentos de intimidad, en las comidas, las fiestas o en la cama.

No obstante, lo que más distingue a los matrimonios desavenidos de los bien avenidos no es tanto la ausencia de experiencias agradables (que más o menos todo el mundo las tiene), sino la gran cantidad de experiencias desagradables o las que se interpretan como tales. Por tanto, la conclusión práctica de esta perspectiva, basada en la estadística, es que la felicidad de una vida en pareja parece provenir más de una reducción de los sucesos desagradables (y está en nuestras manos el hacerlo así) que de un aumento de los sucesos agradables. En otras palabras, las parejas mejoran su relación cuando las experiencias e interpretaciones negativas de su convivencia disminuyen. Hay, pues, que esforzarse en ello.

¡Nos hacemos felices!

Cuando una pareja emprende la singladura de la convivencia, mejor que decirles la consabida frase: «¡Que seáis felices!», sería desearles: «¡Que os hagáis felices!»

Porque la felicidad hay que hacerla, nadie te la da hecha. La felicidad no es un bien añadido que se regala automáticamente al iniciar la vida en común, sino una situación emocional que se ha de adquirir con el esfuerzo personal y ganársela día a día.

Si nos queremos, tenemos buena voluntad, hemos apostado por la continuidad de nuestro matrimonio y no tenemos el cuerpo para nuevas aventuras de incierto futuro, estamos en condiciones de hacernos felices. Ahora bien, si sólo busco «mi felicidad», en este modelo tan claro que ofrece la actual sociedad: pruebo una unión y si no funciona lo intento otra vez, y otra, y las que hagan falta... quizá nunca lleguemos a encontrarla.

Con todo, la felicidad hay que trabajarla con minuciosidad. Y es bueno saber cuatro cosas de elemental psicología de la relación de pareja, porque en la práctica habremos de procurar una buena comprensión mutua y reciclarnos en nuestras maneras de actuar, ajustándonos a las demandas y necesidades de nuestro cónyuge. Voy a recordarle algunos detalles que pueden serle de interés.

Ya he dicho con anterioridad que la relación de pareja es básicamente emocional. Insisto en ello. Mediante el análisis de conversaciones cotidianas de parejas, se ha demostrado que la mayor parte del contenido conversacional (las dos terceras partes) es explícita o camufladamente emocional. Estamos, pues, ante un tipo de relación humana que, para bien o para mal, siempre es de alto nivel afectivo. ¡Cuidado, pues, con los malentendidos!

Estudiosos del tema de la pareja han llegado a la conclusión de que los conflictos son inevitables y que intentar silenciarlos o evitarlos es mala solución, ¡fíjese por dónde! Señalan, además, que la forma en que se resuelven esos conflictos es la mejor predicción para la futura vida matrimonial. Incluso se ha llegado a pormenorizar que los cuatro sentimientos que inician el despeño hacia la separación son: el desprecio y la crítica embravecida, que son actitudes más frecuentes en las mujeres; y la posición defensiva y el amurallamiento sentimental, más frecuentes en los hombres que, según parece, soportan las tensiones afectivas peor que las mujeres, por lo que optan por evitarlas, siendo el camino más sencillo el alejamiento como estrategia de seguridad. Así que ya sabemos algo más sobre la forma de reaccionar que tienen los géneros.

Y siguiendo en nuestro empeño de hacernos felices, deberíamos ser plenamente conscientes de que, por lo general, tanto hombres como mujeres buscan en la relación de pareja diferentes cosas, y por tanto pueden sentirse defraudados por cosas diferentes. Tenga presente que lo que se espera de una relación tiene gran importancia, porque ahí está la clave que determina el sentimiento de éxito o de fracaso.

Le propongo que aproveche usted este momento para plantearse —si no lo ha hecho antes— a modo de examen de conciencia: «¿Qué espero de mi matrimonio?» Y con la respuesta en la mano, haga un balance de sus recursos personales para adecuarse a lo que usted desea. Si como parece probable hombres y mujeres se casan con distintas expectativas o esperan cosas diferentes del trato diario o de la relación sexual, es muy posible que aparezcan luego incomprensiones serias.

Pero ¿somos tan distintos hombres y mujeres? Iguales en oportunidades, pero diferentes en fisiología, obviamente. ¡Incluso al hablar marido y mujer ya buscan cosas distintas! Está demostrado, por ejemplo, que hombres y mujeres hablan y escuchan de diferente manera, lo que puede causar grandes equívocos. Ya he contado en páginas anteriores que las mujeres buscan más un apoyo emocional que una solución práctica a los problemas que plantean a sus maridos; mientras que éstos se empeñan en examinar al detalle la información que aportan sus esposas y así sacar soluciones prácticas de aplicación inmediata. Es decir, él busca la objetividad y la eficacia; mientras que ella se siente incomprendida, piensa que su pareja la considera una estúpida empeñada en complicarse la vida, no sigue el consejo y protesta. ¡Y ya la tenemos armada!

A la vista de estos específicos datos de cada sexo, no pretendamos medirnos el uno al otro con el mismo rasero y sepamos apreciar nuestras peculiares características genéricas. Aceptémonos como realmente somos. En nuestra mano está conseguir la felicidad de nuestro prójimo más próximo: nuestra pareja.

Sí quiero, para siempre

Más de una persona creyente se preguntará qué sucederá el día del Juicio Final, cuando se produzca la Resurrección de la carne, con quién se juntará cada uno/a: ¿con el primer marido/esposa o con el segundo o el tercero? ¡Vaya lío! El intríngulis de la cuestión es pues: ¿con quién nos tocará compartir la eternidad? Porque hay quien predica con mucho acierto que más que hablar de indisolubilidad del matrimonio es preferible hablar de eternidad del amor. Cuando los mormones se casan, por ejemplo, no es hasta que la muerte los separe, sino que lo hacen con carácter eterno: están convencidos de que, en el más allá, las familias volverán a reunirse y a compartir la vida eterna.

Decía el agudo Oscar Wilde: «Cuando un hombre y una mujer se casan concluye su novela y empieza su historia.» Llega, pues, el momento de la verdad. A partir de ahora es cuando se pone a prueba la fidelidad del día a día que se prometieron locamente enamorados. Envejecer juntos, con la primera y única mujer tiene su mérito, ¿no le parece?

El cantautor Armando Manzanero, de 65 años, casado cuatro veces, con cinco hijos y diez nietos, se sincera:

No me siento orgulloso de haberme casado cuatro veces. Es muy bonito poder festejar los veinticinco años de matrimonio con tu primer amor. Además, es un poquito ingrato que cuando llega el éxito lo disfrutes con otra...

A estas alturas del libro, que ya está dando las últimas bocanadas, usted se habrá dado perfecta cuenta de que apuesto por una relación matrimonial indisoluble. Creo firmemente en los beneficios de poder compartirlo todo con el único pariente que eliges en esta vida. Compartir las cosas agradables y también las desagradables que te depare la relación con la persona que tú has escogido libremente para que te acompañe en esta biografía común es, no le demos más vueltas, muy enriquecedor. En el fondo, «es saber vivir una vida ordinaria de manera extraordinaria», como le gustaba decir a un santo de nuestros días, san Josemaría. Y existen maneras muy sencillas de conseguirlo eficazmente.

Para empezar, «el secreto para que un matrimonio funcione es casarse con vocación de continuidad», afirmaba rotundo en una entrevista el presidente de la Generalitat de Catalunya, Jordi Pujol, que disfruta de un excelente matrimonio que le ha dado siete hijos. Así pues, no hay que asustarse por perdurar juntos los miembros de la pareja como avisa el malicioso dicho popular: «Los matrimonios, algunos acaban bien, pero la mayoría duran toda la vida.»

Tengo colgado en mi casa un decorativo y sustancioso cuadrito de *Recette de bonheur conjugal* (Receta de dicha conyugal) que me regalaron mis suegros, en la que, entre otros ingredientes para practicar en común las saludables virtudes de la esperanza, bondad, confianza, dulzura, etc., se sugiere: «Añadir al buen humor un miligramo de locura.» Sabio consejo.

«Ejercitar la capacidad de reparación», recomendaba también mi maestro en psiquiatría infanto-juvenil, el doctor Ricardo Belmonte, para saber recomponer lo que se «averíe» en la relación de pareja, y ponía el ejemplo de los primeros coches nacionales que circulaban por el país, cuando uno tenía que ingeniárselas para reparar artesanalmente las piezas que se estropeaban, ya que no había recambios. Hoy, con las facilidades que tenemos para cambiar de vehículo, ¿quién se entretiene en reparar en el garaje de su casa el coche ahora renqueante que nos ha dado tantos años de servicio? ¿Quién le va a dedicar cariño, paciencia y manitas a nuestro coche averiado cuando nos dan uno nuevo en el acto en el concesionario de la esquina y para más facilidades lo empezaremos a pagar dentro de un año...?

El filósofo José Antonio Marina propone, para evitar el consumismo actual con los arraigados hábitos de usar y tirar, aprender a disfrutar de las personas y las cosas durante largo tiempo. «Si no se guarda una cierta fidelidad a lo que tenemos, no nos da tiempo a apreciarlo. Los valores importantes son de aparición lenta y si estamos urgidos por un afán de cambio, nunca percibiremos estos valores.»

En definitiva, se debería sentir más apego a unas botas que tenemos desde hace cinco años, que a unas nuevas. Y esto se puede aplicar también a las personas que queremos.

Por último, ¿conoce usted la teoría del relieve? Se la cuento.

En el libro *Una cantonada al desert* (Una esquina en el desierto) del entrañable amigo Lluís-Josep Comerón, hábil guionista y director de cine, hay una escena en la que aparece un personaje en un solitario cementerio delante de la tumba de su esposa, que explica esta curiosa teoría al protagonista del libro, el desengañado actor de teatro Pipergin, cuando éste se lo encuentra por casualidad y, poniéndose a charlar, en un determinado momento le pregunta:

—¿De verdad cree que se puede ser feliz en este mundo?

—¡Y tanto! Mire, yo tengo mi teoría, una teoría bien sencilla: la teoría del relieve... Para empezar, para ser feliz es necesario ser dos y compartir —ver— todas las cosas, las de dentro y las de fuera, juntos. Ser dos y uno al mismo tiempo y así ver el «relieve» de las cosas. No sé si me explico. De la misma manera que para ver los objetos en relieve se necesitan los dos ojos porque con uno solo lo veríamos todo plano, para apreciar el relieve de la vida, para saborearla, para disfrutar de cada momento, se necesita que sean dos que lo hagan al mismo tiempo. ¿Lo entiende? Para gozar de un paisaje, de un buen vino, de un éxito, de un silencio, de un viaje, de un concierto... de todo, es necesario verlo, vivirlo, con dos miradas diferentes pero coincidentes, compartirlo. Ésta es la clave: compartirlo. Si no, todo queda plano, se nos escapa el relieve. ¿Se da cuenta? Quizás esto no pueda entenderlo quien no lo ha probado. Es como el que es tuerto de toda la vida. No sabe qué es el relieve.

En otra parte de la novela de Comerón, el propio autor, viudo en la vida real, resume esta teoría diciendo:

La felicidad consiste en poder ver el especial relieve que tienen todas las cosas cuando las miran al mismo tiempo dos personas que se quieren.

Con estas palabras, que hago también mías, termino este libro, y le dejo con el bolero de Antonio Machín para que tararee con sentimiento:

Toda una vida
estaría contigo...:

Bibliografía consultada y lecturas recomendadas

Alberdi, I., *La nueva familia española*, Taurus, Madrid, 1999.

Alberoni, F., *Te amo*, Gedisa, Barcelona, 1996.

Alimbau Argila, J. M.ª, *Palabras para la vida*, Ediciones STJ, Barcelona, 1994.

Amat, E., *Claves de la inmadurez para el matrimonio*, Rialp, Madrid, 1991.

Arana-Gondra, R., *Reflexiones para padres separados*, Atlántida, Madrid, 1998.

—, *Ser feliz. Preguntas y sugerencias*, Mira, Zaragoza, 2002.

Armengol Bernils, L., *Vivir a fondo*, Claret, Barcelona, 2002.

Beck, A. T., *Con el amor no basta*, Paidós, Barcelona, 1994.

Burgoyne, J., *El divorcio, los hijos y usted. Para una ruptura equilibrada*, Medici, Barcelona, 1983.

Cardona Pescador, J., *El hombre de empresa ante la vida*, El Drac, Madrid, 1996.

Carles, R. M.ª, *Cartas a una mujer de hoy*, Martínez Roca, Barcelona, 1999.

Carol, A., *Ingeniería del amor*, M & M Euroeditors, Barcelona, 1997.

—, y E. Cases, *El encanto original de la mujer y la dignidad del hombre*, M & M Euroeditors, Barcelona, 2001.

Carreño, P., *La sociedad enferma*, Carreño & Bros. Consultores, Madrid, 2002.
Carreras, J., *Las bodas: sexo, fiesta y Derecho*, Rialp, Madrid, 1994.
Castells, P., *Separación y divorcio*, Planeta, Barcelona, 1993.
—, *La familia. ¿Está en crisis?*, Plaza & Janés, Barcelona, 1997.
—, *¿Seguimos juntos o nos separamos?*, Plaza & Janés, Barcelona, 1998.
—, *Separarse civilizadamente*, Plaza & Janés, Barcelona, 1999.
—, *Fidelidad conyugal*, Martínez Roca, Barcelona, 2000.
Comerón, L.-J., *Una cantonada al desert*, Destino, Barcelona, 2001.
Corazón, R., *Nulidades matrimoniales*, Desclée de Brouwer, Bilbao, 2001.
Corbella Roig, Joan, *Infidelidades, desamor y desengaño*, Folio, Barcelona, 2000.
Delás, M. de, *Divorcio, separación y nulidad. Problemas y soluciones*, Planeta, Barcelona, 1992.
Dolto, F., *Cuando los padres se separan*, Paidós, Barcelona, 1989.
Eroles Rigol, J., *Psico (pato)logía actual del compromiso matrimonial*, en *Curso de Derecho Matrimonial*, XIV, Publicaciones Universidad Pontificia de Salamanca, Salamanca, 1998.
Franco, G. E., *La comunicación en la familia*, Palabra, Madrid, 1994.
Fuenmayor, A., *Divorcio: legalidad, moralidad y cambio social*, Eunsa, Navarra, 1981.
Garrido de Palma, V. *Derecho de familia*, Trivium, Madrid, 1993.

Gil Calvo, E., *El nuevo sexo débil. Los dilemas del varón posmoderno*, Temas de Hoy, Madrid, 1997.

Guademet, J., *El matrimonio en Occidente*, Taurus, Madrid, 1993.

Goleman, D., *Inteligencia emocional*, Kairós, Barcelona, 1996.

Hildebrand, D. Von, *La esencia del amor*, Eunsa, Navarra, 1998.

Hirigoyen, M.-F., *El acoso moral*, Paidós, Barcelona, 1999.

Larrañaga, I., *El matrimonio feliz*, Planeta, Barcelona, 2000.

Marina, J. A., *El laberinto sentimental*, Anagrama, Barcelona, 1996.

Martín Descalzo, J. L., *Razones para el amor*, Atenas, Madrid, 1992.

Navarro-Valls, R., *Matrimonio y Derecho*, Tecnos, Madrid, 1995.

Manglano, J. P., *Construir el amor*, Martínez Roca, Barcelona, 2001.

Melendo, T., *Amor, fecundidad y felicidad conyugal*, Loma, México, 1996.

—, *Ocho lecciones sobre el amor humano* (4.ª ed.), Rialp, Madrid, 2002.

—, y L. Millán-Puelles, *Asegurar el amor*, Rialp, Madrid, 2002..

Montalat, R., *Los novios. El arte de conocer al otro* (3.ª ed.). Palabra, Madrid, 1997.

Paz, O., *La llama doble. Amor y erotismo*, Seix Barral, Barcelona, 1993.

Polaino-Lorente, A., *Madurez personal y amor conyugal. Factores psicológicos y psicopatológicos* (5.ª ed.), Rialp. Madrid, 2000.

—, *Cómo mejorar la comunicación conyugal*, Rialp, Madrid, 2000.

—, y P. A. Carreño, *La familia: locura y sensatez*, Editorial AC, Madrid, 1993.

Restrepo, L. C., *El derecho a la ternura*, Península, Barcelona, 1997.

Rojas, E., *El amor inteligente*, Temas de Hoy, Madrid, 1997.

Rojas Marcos, L., *Las semillas de la violencia*, Espasa-Calpe, Madrid, 1995.

—, *La pareja rota*, Espasa-Calpe, Madrid, 1999.

—, *Nuestra felicidad*, Espasa-Calpe, Madrid, 2000.

Roma, P., *Hablan ellos*, Plaza & Janés, Barcelona, 1998.

Sonet, D., *Triunfar como pareja*, Claret, Barcelona, 2002.

Tamborero, R., *Derecho de familia*, Praxis, Barcelona, 1996.

—, *Matrimonio, separación, divorcio...* Plaza & Janés, Barcelona, 2001.

Vallejo-Nágera, A., *El amor no es ciego*, Temas de Hoy, Madrid, 1998.

Vázquez, A., *Matrimonio para un tiempo nuevo*, Palabra, Madrid, 1998.

Viladrich, P. J., *Agonía del matrimonio legal*, Eunsa, Navarra, 1989.

—, *El pacto conyugal*, Rialp, Madrid, 1990.

Wallerstein, J. S., J. M. Lewis, y S. Blakeslee, *El inesperado legado del divorcio*, Atlántida, Madrid, 2002.

Wojtyla, K., *Amor y responsabilidad* (12.ª ed.), Razón y Fe, Madrid, 1978.

Yepes Stork, R., y J. Aranguren Echevarría, *Fundamentos de Antropología*, Eunsa, Navarra, 1999.

Impreso en Talleres Gráficos
HUROPE, S. L.
Lima, 3 bis
08030 Barcelona